미래 학교, 학생이 주도하는 교실

미래 학교, 학생이 주도하는 교실

이보람 이지민 김다영 유범래 지음

두드림미디어

"선생님께서 우리에게 선택할 수 있는 기회를
많이 주셨어요. 그럴 때마다 진지하게 고민해야
후회를 안 할 수 있었어요. 그러면서 생각하는
힘이 좀 더 키워진 것 같아요."

– 초등학교 3학년 ○○○학생의 인터뷰 중

"학교에서는 선생님께서 가르쳐주시는 것만
공부하면 되는 줄 알았는데, 아니었어요.
자신에게 부족한 공부를 스스로 찾아서 해보니까
공부가 더 재미있고 집중도 잘되었어요."

– 초등학교 4학년 ○○○학생의 인터뷰 중

"저에게 실제로 필요한 공부를 할 수 있었던 것
같아요. 이미 알고 있는 공부를 할 때는 솔직히 별로
집중도 안 되고 재미도 없었거든요. 제가 스스로
공부할 거리를 찾고 실천해보았던 것이 정말
오래도록 기억날 것 같아요."
– 초등학교 5학년 ○○○학생의 인터뷰 중

"제가 어떤 사람인지에 대해서 많이 생각할 수
있었던 것 같아요. 무엇을 잘하고 못하는지,
또 무엇을 좋아하고 싫어하는지에 대해서
이렇게나 진지하게 생각해본 적이 없었던 것 같아요.
'나를 위한 진짜 공부가 바로 이런 거구나'
하는 생각이 들어요."
– 초등학교 6학년 ○○○학생의 인터뷰 중

너의 삶을 살아라

딸의 행복을 바라는 엄마가 가슴 속을 뒤져 소중히 꺼내 건네준 말은, 너의 삶을 살라는 것이다.

공부해라
아냐 그건 너무 교과서야
성실해라
나도 그러지 못했잖아
사랑해라
아냐 그건 너무 어려워
너의 삶을 살아라

- 가수 양희은의 노래 <엄마가 딸에게> 중에서

학생의 주도권과 생성권 보장을 위해 우리가 실천한 교육은 이런 엄마의 마음과 같다. 그저 미래의 자기 삶을 행복으로 마주할 수 있게 돕는 것이다.

삶의 행복 지수가 높은 국가의 국민들은 무엇이든 스스로 선택하고 책임질 수 있는 충분한 기회를 가졌다는 분석이 있다. 그래서 우리는 학생이 자기 삶을 행복하게 잘 살아갈 수 있도록 학생의 주도권과 생성권 보장을 강조한다.

'2022 개정 교육과정 구성의 중점'에서 자주 반복되며 강조되는 말이 **'학생'**, **'주도'**, **'삶'**이다. 이것은 학교 교육과정의 설계와 운영에서 학생의 주체적 역할이 그 어느 때보다 더 강조되고 있다는 의미로 해석할 수 있다.

2022 개정 교육과정 구성의 중점

가. 디지털 전환, 기후·생태환경 변화 등에 따른 미래 사회의 불확실성에 능동적으로 대응할 수 있는 능력과 자신의 **삶**과 학습을 스스로 이끌어가는 **주도**성을 함양한다.

나. **학생** 개개인의 인격적 성장을 지원하고, 사회 구성원 모두의 행복을 위해 서로 존중하고 배려하며 협력하는 공동체 의식을 함양한다.

다. 모든 **학생**이 학습의 기초인 언어·수리·디지털 기초소양을 갖출 수 있도록 하여 학교 교육과 평생 학습에서 학습을 지속할 수 있게 한다.

라. **학생**들이 자신의 진로와 학습을 **주도**적으로 설계하고, 적절한 시기에 학

습할 수 있도록 학습자 맞춤형 교육과정 체제를 구축한다.

마. 교과 교육에서 깊이 있는 학습을 통해 역량을 함양할 수 있도록 교과 간 연계와 통합, **학생**의 **삶**과 연계된 학습, 학습에 대한 성찰 등을 강화한다.

바. 다양한 **학생** 참여형 수업을 활성화하고, 문제 해결 및 사고의 과정을 중시하는 평가를 통해 학습의 질을 개선한다.

사. 교육과정 자율화·분권화를 기반으로 학교, 교사, 학부모, 시·도 교육청, 교육부 등 교육 주체들 간의 협조 체제를 구축하여 학습자의 특성과 학교 여건에 적합한 학습이 이루어질 수 있도록 한다.

지식은 시대 및 사회 변화에 따라 다르게, 또 개인에 따라 상대적으로 구성된다. 지식이 개인의 삶에서 의미를 갖고, 다른 사람과 상호 협력하는 과정에서 새로 만들어지거나 더 깊이 있게 다듬어지는 경험은 앞으로의 학교 교육을 통해 더욱더 확대될 것이다.

이 책은 크게 두 개의 장으로 이루어져 있다. PART 01은 학생 생성권의 필요성, 정의 그리고 실제 수업 활동 속에서 생성권이 펼쳐지는 장면을 담았다. 학생 생성권은 주체적으로 자기 교육과정을 생성할 수 있는 권리다. 주도권이 보장된 교실에서 궁극적으로 지향해야 할 방향이다. 지금은 창의적 체험활동 시간을 활용한 교육과정 생성 경험이지만 점차 확대 적용할 수 있다는 희망을 엿볼 수 있을 것이다.

PART 02는 학생 주도권의 필요성과 정의를 알아본다. 그리고 학생 주도권이 보장되는 교실의 모습을 담았다. 교사와 학생, 학생과 학생 간의 이견 조율, 교실 내 모든 의사 결정 과정과 다양한 상황 속에서 학생이 주체적으로 개입, 교사의 신뢰와 지지로 다져지는 성공 경험 등 주도권이 보장되는 교실의 모습을 직접 확인할 수 있을 것이다.

> 아는 것만으로는 충분하지 않다. 적용해야 한다.
> 의지만으로는 충분하지 않다. 실행해야 한다.
>
> *- 요한 볼프강 폰 괴테*

이 책은 결국 '자신의 삶을 살아갈 주체적 힘을 가진 학생'을 키워내는 방법을 제안하고 있다. 정답이 아닐 수도 있다. 하지만 학생의 주도권과 생성권을 보장함으로써 학생이 스스로 계획, 실천, 공유, 성찰하며 성장할 수 있었던 생생한 교실의 모습을 많은 사람들과 공유하고 싶다. 그리고 이 글을 읽는 선생님들께 함께 시도해보자고 제안한다.

이보람, 이지민, 김다영, 유범래

차례

들어가며 ··· 6

PART 01 학생 생성권

WHY : 왜 학생 생성권인가? ·· 17

지금 학교, 이대로 괜찮은가? ·· 17
왜 학생 생성권인가? ··· 18

WHAT : 학생 생성권이란 무엇인가? ······································· 22

학생 수준 교육과정의 실현을 기대하다 ·································· 22
학생 생성권이 보장되는 교육과정은 어떻게 실현되는가? ············ 24

HOW : 학생 생성권을 어떻게 보장할 수 있는가? ······ 26

학생 수준 교육과정 마주하기 ··· 28

배움의 주인은 누구일까? ··· 28
배움의 길이 하나일 수 없다 ··· 30
그저 놀고 싶은 아이들 ··· 32

학생 수준 교육과정 **계획하기** ·········· 35

나는 어떤 사람인가? ········· 35
나는 어떤 역량을 갖추었고, 또 못 갖추었나? ········ 38
나는 미래 사회에서 어떤 존재여야 하는가? ········ 40
누구와 함께 배울 것인가? ········· 42
무엇을, 어떻게, 왜 배우고 싶은가? ········· 48
협력적 소통 역량 키우기 ········· 53
무엇을 성취할 것인가? – 학생이 개발하는 성취기준 ········ 55
학생, 자기배움 과정을 문서로 체계화하기 ········ 58
교사, 학생의 것을 좀 더 다듬기 ········ 60
필요한 물품이나 자료를 확인하고 준비하기 ········ 62

학생 수준 교육과정 **실행하기** ·········· 64

단위 시간의 활동 목표를 명확히 하라 ········· 64
매 단위 시간의 활동을 성찰하게 하라 ········· 65
단순히 재미있는 활동만으로 생성하면 어쩌지? ········· 67
계획은 계획일 뿐, 필요하다면 바꾸어야 한다 ········· 68
시행착오는 더 깊이 있는 배움을 돕는다 ········· 71

학생 수준 교육과정 **공유하기** ·········· 75

배움을 축제로 잇다 ········· 75
스스로 움직이는 아이들 ········· 77
무엇을 어떻게 나누고 공유하는가? ········· 78

학생 수준 교육과정 성찰하기 ·········· 85

메타인지와 전이 ·········· 85
무엇을, 어떻게, 얼마나 잘 배웠는가? ·········· 86

PART 02 학생 주도권

WHY : 왜 학생 주도권인가? ·········· 95

교수자와 학습자의 역할 변화 ·········· 95
철저하게 설계한 교수·학습 계획이 주는 오해 ·········· 98

WHAT : 학생 주도권이란 무엇인가? ·········· 101

주체적으로 사고하고 행동하며 성찰할 수 있는 기회를 충분히 주어라 ·· 101
학생 주도권과 관련된 국외 동향 ·········· 104

HOW : 학생 주도권이 보장되는 교실 ·········· 106

STEP. 1 존중하기 ·········· 109

지시하지 말고 안내하기 ·········· 109
아이들의 욕구에 공감하기 ·········· 112

엉뚱함을 사고의 확장 기회로 만들기 ················· 115
허락 맡는 학급 문화 지우기 ······················· 120

STEP. 2 **연습하기** ····································· 123

자기 삶을 거울 보게 하기 ·························· 123
서슴없이 질문하게 하기 ···························· 126
컴퓨팅 사고력 키우기 ······························ 134

STEP. 3 **도전하기** ····································· 140

덜 가르치고 더 배우게 하기 ······················· 140
교사의 말수 줄이기 ································· 145
바람을 현실로 만들어주기 ·························· 151

STEP. 4 **확장하기** ····································· 161

학생이 수업 설계에서 중심이 되기 ················· 161
사회 문제 해결의 주체 되기 ······················· 169

마치며 ··· 178

PART 01

학생 생성권

WHY
: 왜 학생 생성권인가?

지금 학교, 이대로 괜찮은가?

존 듀이(John Dewey, 1859~1952년)는 학교 교육의 목표를 '경험의 부단한 재구성을 통한 성장'이라고 했다. 다시 말해, 학교 교육은 학생이 현재 자기 삶 속에서 겪는 수많은 경험을 바탕으로 지금을 잘 살아가도록 도울 수 있어야 한다는 것이다. 2022년 고시된 2022 개정 교육과정의 총론에 제시된 다음 내용은 존 듀이의 교육 사상을 다시 새기게 한다.

교육과정의 성격

나. 학교 교육과정이 **학생을 중심에 두고 주도성과 자율성, 창의성의 신장 등 학습자 성장을 지원**할 수 있도록 교육과정의 기준과 내용을 제시한다.

하지만 지금 학교 교육은 사회 변화 속도를 따라가지 못하고 있다. 당장 어제와 오늘이 다른 이 사회를 잘 살아가도록 돕기 위해 학교는 무엇을 해야 하는가?

2023 미래 국가교육 대토론회(2023. 5. 16)에서는 우리나라 교육이 직면한 문제를 진단하고, 미래를 어떻게 대비해야 하는가에 대한 논의가 이루어졌다. 김도연 태재미래전략연구원 이사장(전 교육과학기술부 장관)은 "선진국 아이들을 후진국 어른들이 가르치고 있다"는 발언을 하며, 지금 당장 우리가 버려야 할 것은 줄 세우기식의 교육, 제한된 시간 내에 문제 풀이를 요하는 평가 방식이라고 강조했다. 이에 더해 주경철 서울대 교수는 불안과 불확실성이 커지는 미래 사회를 대비하기 위한 학교 교육의 중점은 "학습자가 스스로 생각할 수 있는 힘을 키워주어야 한다"고 거듭 강조했다.

왜 학생 생성권인가?

오늘의 가치 있는 정보가 당장 내일은 쓸모없는 정보가 되는 사회가 현재 사회다. 획기적인 미래 사회에서 맞닥뜨릴 복잡하고 다양한 문제를 유연하게 해결해갈 수 있는 힘을 키워주는 학교 교육을 위해 우리는 '**교육과정에 대한 학생 생성권**'을 제안한다.

학생이 교육과정을 스스로 생성해볼 수 있는 기회를 제공해야 한다는 것은 이미 국가 교육과정에서도 다루어온 지 오래다. 1997년 외환

위기 속에서 민주사회의 새로운 변화를 겪고 있을 때 7차 교육과정이 처음 고시되었다. 국가 주도의 '주어진 대로 따라야 하는 교육과정'에서 **'학교 또는 학생이 스스로 만들어가는 교육과정'**이라는 구성 방침을 내세우면서 말이다.

2022 개정 교육과정은 1만 개의 교실에서 1만 개의 교육과정을 운영하라고 한다. 학생을 중심에 두고 유의미하다고 생각되는 모든 경험 제공을 위한 교육과정 설계와 운영을 적극 허용한다는 것을 교육과정 총론 전반에 드러내고 있다. 그중 제일 눈여겨볼 만한 것이 바로 **'학교자율시간'**이다.

Ⅲ. 학교급별 교육과정 편성·운영의 기준

나. 교육과정 편성·운영 기준
3) 학교는 3~6학년별로 지역과 연계하거나 다양하고 특색 있는 교육과정 운영을 위해 **학교자율시간**을 편성·운영한다.

궁극적으로 배움의 주체는 학생이다. 따라서 학교는 학생들에게 자기 배움을 위한 교육과정을 스스로 생성할 수 있는 기회를 제공해야 한다. 학생이 스스로 자기 교육과정을 계획하고 실천, 공유하며 성찰하는 과정은 학생들의 끊임없는 탐구와 질문, 몰입을 유도한다. 유의미한 배움과 자기 성장은 바로 이를 통해 이루어진다. 국민의 행복지수가 최상위권인 핀란드는 국가 2030 비전으로 미래 교육의 중점은 메타

학습 전략이며, 배움은 반드시 즐거워야 할 것을 제시한 바 있다(이는 우리가 지향하는 학생의 자기 교육과정에 대한 생성권 보장형 교육과정의 지향점이기도 하다).

제7차 교육과정의 2015 개정이 고시되면서 국가 수준에서 벗어나 학교 수준, 더 나아가 교사 수준의 교육과정에 대한 연구와 실천이 꽤 이루어지고 있다. 학생들에게 요구되는 학습의 성취기준을 중심으로 교육과정을 다시 구성하는 등의 노력으로 말이다. 하지만 여전히 교육과정을 편성하고 운영하는 데 있어 배움의 주체인 학생의 의견이나 생각은 대부분 배제되고 있다.

존 듀이는 외부로부터 부여되는 목적과 교육 내용은 학습자의 지력을 제약하고 자발성과 흥미를 저해하기 때문에 교육적 의미를 지니지 못한다고 했다. 심리학자 제임스 댄커트(제임스 댄커트 외, 《지루함의 심리학》 중에서)에 의하면 10대, 즉 초등학생들의 가장 큰 욕구는 자기 결정권이라고 한다. 그런데도 자신을 적극적으로 표현하고 세상을 자유롭게 탐험하고 싶은 강한 욕구가 어른들에 의해 제한 당하고 있는 우리나라 교육 현장이 안타깝다. 하고 싶은 것을 선택하고 원하는 목표를 향해 실행해가는 경험이야말로 학생들에게 배움의 동기와 즐거움을 만끽할 기회를 주는 것인데 말이다. 학생이 스스로 자신이 배움의 주체라고 여기면서 학습을 계획하고 문제 해결을 주도하며, 그 결과를 다른 사람과 공유하고 성찰한다면 그것은 분명 궁극적인 배움이 될 수 있다.

지금부터 학교 교육은 학생이 자기 교육과정 설계에 직접 개입하고 실천할 수 있는 권리를 보장해주는 방향으로 나아가야 한다. 이것이 교육과정에 대한 학생 생성권이다.

학생 생성권이 보장된다면 전국의 모든 학생이 도달해야 하는 똑같은 성취 수준이란 존재할 수 없다. 학생마다 배움의 성장 과정과 결과가 다양해진다. 교사는 조력자로서 학생 개개인의 지식과 관심의 차이, 기능의 차이를 인정하고 학생들의 각자 다른 성장에 도움을 줄 수 있게 될 것이다.

앞으로 우리가 지향해야 할 미래 교육의 모습은 학생들의 머릿속에 지식을 밀어 넣는 것이 아니라 학생들과 함께 지식을 구성해나가는 것이다. 우리는 학생들에게 생성권을 쥐여주고 길을 잃고 헤맬 자유를 허락해야 한다. 갈림길에서 길도 잃어보고, 고민해본 학생은 또 다른 장소에서의 모험을 두려워하지 않을 것이다.

WHAT
: 학생 생성권이란 무엇인가?

학생 수준 교육과정의 실현을 기대하다

1954년 1차 교육과정이 고시되고, 최근 7차 교육과정의 2022 개정이 고시되기까지 현재 우리나라 교육과정은 그 운영 주체와 역할에 따라 다음과 같은 층위를 가진다(1992~1997년의 6차 교육과정에서 국가 교육과정에 대한 지역 수준의 구체화 방안을 제시하기 시작하면서 중앙집권적 교육과정 체제에서 점차 교육과정의 분권화, 지역화, 자율화가 이루어졌다).

주체	역할	교육과정의 층위
교육부	전국의 모든 학교 교육과정 개발 운영의 기본 지침 및 방향 제시	국가 수준 교육과정
교육청	국가 수준 교육과정을 바탕으로 지역 교육의 기본 방향 및 교육 중점 제시	지역 수준 교육과정

주체	역할	교육과정의 층위
학교	지역 수준 교육과정을 바탕으로 학교 단위 교육 공동체의 특성 및 요구를 반영	학교 수준 교육과정
교사	학교 수준 교육과정을 바탕으로 단위 학급(학년)별 실천	교사 수준 교육과정
학생	?	

| 교육과정의 층위 |

사실 교사 수준 교육과정은 굳이 따로 떼어내 구분 짓지 않더라도 학교 수준 교육과정에서 함께 다루고 있다고도 말할 수 있다. 학교 단위 교육공동체의 구성원 중 하나가 교사가 아니겠는가. 최근 현직 교사의 목소리로 등장한 교사 수준 교육과정은 교육과정 개발 운영에 대한 교사의 중점적 역할을 강조해서 드러내고 있다(박수원 외, 2020). 이제는 교육과정 개발 운영에 대한 학생의 중심적 역할을 강조해서 드러내야 할 시점이 아닐까?

학생 수준 교육과정 : 학생 생성권을 보장하는 교육과정

앞서 다루었듯이 2022 개정 교육과정은 학생의 삶과 성장을 지원하는 맞춤형 교육과정의 실현을 강조하고 있다. 이를 위해서는 학생

들에게 자기 교육과정에 대한 생성권을 보장해야 한다.

학생 생성권 : 학생이 주체적으로 자기 교육과정을 생성할 수 있는 권리

학생 생성권이란 학생이 주체적으로 자기 성장을 위한 교육과정을 설계하고 실천할 수 있는 권리다. 즉 학생 생성권 보장은 학생에게 스스로 자기배움을 위한 목표와 학습 전략을 세우고 실천할 수 있도록 허용해주는 것이다.

학생 생성권이 보장되는 교육과정은 어떻게 실현되는가?

학생 생성권은 학생의 삶을 학교 교육과정 속으로 끌어와 실제 깊이 있는 배움과 성장을 유도한다. 즉 학생 생성권이 학교 교육으로 보장된다는 것은 학생이 자기배움의 오롯한 주체가 되어, 나아가 개인과 사회의 웰빙(Well-being)을 실현시킬 미래 교육으로의 가치가 더 커진다는 것으로 해석할 수 있다.

학생 생성권이 교육과정으로 실현되는 구체적인 단계와 그 내용은 다음과 같다.

24

실현 단계	내용
계획	학생이 자기 삶과 연계한 배움 주제, 목표(성취기준)를 생성하고 구체적인 학습 전략을 세움.
실천	학생이 주체적으로 세운 앞선 계획을 실행함.
공유	주체적으로 실행한 앞선 과정을 다른 사람과 공유함.
성찰	학생이 주체적으로 실행한 앞선 전 과정을 다시 돌아보고 반성하며 다음 학습을 계획함.

국정 교과서를 빠짐없이 다 가르치는 것을 학생의 학습 권리를 보장하는 것이라고 착각하지 말자. 이제는 학생이 자기 학습을 스스로 선택하고 생성할 수 있는 권리까지 보장해야 한다. 배움의 전 과정을 스스로 결정하고 성찰하는 경험은 학교 교육의 학생 생성권 보장을 실현하는 구체적인 방안이며 이는 곧 학생의 주체성을 키워주는 근본이 된다고 다시 강조하고 싶다.

HOW
: 학생 생성권을 어떻게 보장할 수 있는가?

    학생들의 학생 생성권을 보장하는 학생 수준 교육과정은 비고츠키로 대표되는 구성주의 철학과 최근 미래학자들의 연구로 시작되어 우리나라뿐 아니라 세계에서 주목받고 있는 역량 중심 교육과정을 기반으로 한다. 즉 학생 수준 교육과정은 학생이 주체적으로 자기 배움을 설계하고 실천하면서 지식 자체보다는 실행 및 문제해결 능력을 키울 것을 기대한다.

    그런데 학생이 주체가 되는 교육과정이라고 해서 처음부터 끝까지 '학생'이 모든 것을 만들어가는 것이라고 여겨서는 안 된다. 학생이 자기배움의 교육과정을 설계한다는 것이 결코 쉬운 일이 아니기 때문이다.

    학생 수준 교육과정으로 학생들과 마주하기 위해서는 가장 먼저, 학생들에게 자기배움을 위한 교육과정 생성권을 이해시켜주는 것부터 시작해야 한다. 무턱대고 자기배움의 모든 과정을 생성해보라고 하는 것은 어른들에게도 곤혹스러운 일임이 틀림없다.

학생 수준 교육과정을 운영하는 데 있어 우리는 다음과 같이 16차시를 확보했다. 교과 교육과정 또는 창의적 체험활동 교육과정과 구분되는 학생 수준 교육과정은 2022 개정 교육과정의 학교 자율시간을 시범적으로 도입 적용했다.

차시 운영		1차시	2~4차시	5~12차시	13~15차시	16차시
운영 단계	교사	시작하기		운영하기		정리하기
	학생	마주 하기	계획하기	실행하기	공유하기	성찰하기

| 학생 수준 교육과정 차시별 운영 단계 |

학생의 생성권 보장은 학생의 주도권 보장에서부터 제대로 시작될 수 있다. 학년 초 학급 운영 계획 시 학생들에게 어떻게, 얼마나 주도권을 보장해줄 것인지에 대한 진지한 고민과 실천은 학생 수준 교육과정을 더 잘 마주할 수 있게 해줄 것이다.

학생 수준 교육과정 마주하기

배움의 주인은 누구일까?

다음은 학생 수준 교육과정을 마주하는 한 교실에서의 장면이다.

"여러분, 가지고 있는 교과서를 모두 꺼내 책상 위에 올려주세요."

모든 교과서를 책상 위에 올려놓으라는 말에 아이들의 호기심이 폭발한다.

"이 많은 교과서는 누가, 왜 만들었을까요?"

"우리가 해야 하는 공부니까 전문가가 만들었어요!"

"그럼 교과서를 만든 전문가는 하필 왜 이런 내용으로 교과서를 만들었을까요? 여러분이 진짜 배우고 싶은 내용들인가요?"

"아니요, 저는 교과서 공부가 제일 지루해요. 다른 거 배우고 싶어요!"

이어서 나는 칠판에 '학생 생성권'이라고 썼다.

"아, 선생님! 그럼 우리가 배우고 싶은 것을 배울 수 있는 게 학생 생성권이에요?"

눈치 빠르고 똑똑한 규현이의 말을 듣고, 아이들이 하나같이 자신도 이제야 알겠다는 듯 고개를 끄덕인다.

이때다 싶어 나는 두 인물의 사진을 제시했다.

"스티브 잡스, 일론 머스크에게서 우리가 본받을 만한 공통점을 탐구해보려고 해요. 탐구 방법은 여러분이 자유롭게 결정하면 된답니다."

탐구가 끝나고 현지와 상철이가 발표했다.

"스티브 잡스는 유명한 애플 스마트폰을 만들었고, 일론 머스크는 전기차를 만들었는데, 두 사람 모두 세상을 위해 도움이 되는 일을 했습니다."

"그리고 일론 머스크는 누가 시킨 것도 아닌데 로켓 발사를 포기하지 않고 끝까지 해냈어요."

과학에 관심이 많은 지완이가 평소 알던 지식까지 곁들여 거든다.

"세상을 바꾼 두 사람 덕분에 우리는 더 편리하고 좋은 세상에 살고 있는 게 아닐까요? 앞으로 제2, 제3의 스티브 잡스, 일론 머스크는 바로 여러분들 중 한 사람이 될 거 같아요."

부끄러워하는 지성이, 열심히 해야겠다고 주먹 불끈 쥐는 지혜의 표정을 보고 있자니 괜히 나도 교육혁신의 열정이 더 뜨거워지는 듯했다.

"스티브 잡스와 일론 머스크는 학교에서 선생님이 가르쳐주는 것만 열심히 배웠을까요?"

오늘 수업의 핵심 질문이었다.

"아니요, 자기가 관심 있는 것을 찾아서 스스로 공부했을 것 같아요."

"맞아요. 선생님은 지금부터 여러분들에게 자기배움을 위한 모든 과정을 스스로 만들어볼 수 있도록 생성권을 주려고 해요. 여러분이 배움의 주인이니까요."

우리는 우리가 원하는 걸 배우고 있을까?
세상을 바꾼 사람들은 무엇을 어떻게 배웠을까?
미래 사회에 필요한 사람은 어떤 사람일까?

| 학생 생성형 교육과정에 다가가기 위한 교사 발문 |

배움의 길이 하나일 수 없다

"선생님, 학생 생성권이 뭐예요?"

'생성권'의 이해는 학생의 입에서 그것이 무엇인지 묻는 것에서부터 시작한다.

"우리가 배우고 싶은 것을 스스로 만들 수 있는 권리요!"
칠판에 쓰인 글자를 호기심 가득한 눈빛으로 뚫어져라 읽고 있던 은미가 대답해준다. 초등학생들에게 생성권이라는 용어는 다소 생소

하고 어려울 수 있다. 다음과 같이 쉬운 말로 다가가보자.

[3~4학년]
학생이 배움을 위한 활동 순서나 방법을 스스로 만들 수 있는 권한
[5~6학년]
학생이 배움을 위한 모든 과정을 스스로 결정하고 만들 수 있는 권리

"그런데 우리가 왜 직접 만들어야 해요? 교과서대로 공부하면 되는 거 아니에요?"

정해진 길을 그대로 따라가는 것이 오히려 더 편한데 굳이 왜 새로운 길을 개척해가야 하는지에 의문을 가지는 학생이 없을 리가 없다.

나는 "모두가 1등이 될 수 있는 세상"이라고 쓰고서 그림 하나를 보여주었다. 한 방향으로 모두 같이 달리면 1등은 한 명이지만 각자 다양한 방향으로 다르게 뛰면 모두가 1등이 된다는 메시지를 담은 그림이었다.

"여러분이 각자 가고자 하는 방향대로 뛴다면 그 도착점에는 누구에게나 목표 달성이라는 결과가 기다리지 않을까요?"

순간 정적이 흘렀다.

누구와 경쟁해서 1등을 하는 것보다 자신과의 싸움에서 이기는 것이야말로 행복한 삶의 확실한 조건이 될 수 있을 것이라는 것에 얼마

31

나 공감하고 있는지는 모르겠지만, 더 이상 학생 생성권을 왜 가지게 되는지 의문을 품는 학생은 없어 보였다.

그저 놀고 싶은 아이들

생성권을 설명할 때 자율권과 주도권을 빼놓을 수 있으랴.

"여러분, 여러분이 하고 싶은 거 다 할 수 있는 시간이에요! 뭐하고 싶어요?"

수업 시간에 뭐하고 싶냐고 물었을 때 돌아올 대답은 당연했다.

"놀아요!"

"뭐하고 놀고 싶은가요?"

"…."

그런데 이상하다. 놀고는 싶은데 무얼 하면서 놀고 싶은지에 대해 선뜻 말하지 못한다. 수업 시간 중에 선생님이 뭘 하면서 놀고 싶냐고 질문하는 자체가 아마도 당황스러웠던 것 같다.

"앞으로 우리는 격주 수요일마다 2시간씩 자기배움 생성활동을 할 거예요."

'학생 생성권'이라는 용어 대신 좀 더 쉽게 직관적으로 이해할 수 있는 '자기배움 생성활동'이라는 용어를 사용해도 좋다.

자기배움 생성활동이라는 말을 처음 듣는 까닭에 아이들은 궁금하다는 눈빛이 역력했다.

"이 시간에는 자신이 원하는 활동을 자유롭게 할 수 있어요. 그래서 오늘은 특별과제가 하나 있답니다. 이 시간에 무엇을 하면서 놀고 싶은지 고민해 와야 해요."

"네~!"

마음대로 놀 수 있는 시간이 기대된다는 듯 아이들의 대답 소리가 우렁차고 컸다. 다음 날, 과제 결과를 다 같이 확인해보았다.

| 아이들이 직접 적어본 자기배움 생성활동의 주제 |

아차 싶었다. '구체적으로 육하원칙에 따라 진지하게 고민해 올 수 있게 더 자세하게 안내할걸' 하는 후회가 들었다.

'카톡하기'부터 '운동장에서 놀기'까지 아이들이 수업 중에 놀고 싶다는 주제는 참 다양했다. 어찌 되었든 나는 아이들의 이 요구를 학생 수준 교육과정으로 엮어가고 싶었다. 아이들의 욕구를 채워주는 배움 활동은 아이들의 배움 동기를 극대화시켜주기 때문이다. 배움의 동기가 있어야 몰입이 있고, 몰입은 곧 성장과 발전으로 이어진다. 아차 싶었던 마음을 달래며 아이들의 욕구를 학생 수준 교육과정으로 엮어가기 위해 다시 물었다.

"왜?"

아이들의 깊게 숨겨진 생각을 끄집어내는 데에는 이만한 물음이 또 있을까? 한 아이는 주어진 시간 동안 카톡을 하면서 놀고 싶다고 했다. 하지만 나는 '카톡하기'와 같이 단순히 겉으로 드러나는 행동적 요소로 단순 놀이 또는 시간 때우기 식의 활동이 되지는 않도록 해야 했다. 교육과정이란, 교육목표를 설정하고 이를 실행하기 위한 과정과 성취 결과를 포함하는 일련의 계획이니까 말이다(한국민족문화대백과사전에서의 '교육과정'에 대한 정의).

이 아이의 활동 욕구를 충족시키면서 보이지 않게 숨겨진 의도나 목적을 찾아 '카톡하기'가 깊이 있는 배움이 되도록 하는 데는 교사의 지속적인 맞춤형 피드백이 필요하다.

'카톡하기'로 놀고 싶다고 한 아이는 평소 교실에서 말수가 매우 적은 편이었다. 부끄러움이 많았고 소극적인 편이라 주어진 시간에는 평소 자주 카톡을 주고받던 친구와 편하게 대화하면서 시간을 보내고 싶었던 것이다. 그런데 문제는 그 친한 친구가 우리 반 아이가 아니었고, 설령 우리 반 아이였더라도 그 아이가 원하는 활동이 '카톡하기'가 아닌 이상 이 아이는 '카톡하기'를 주어진 시간 중에 할 수가 없다. 이렇듯, 아이들의 놀이 욕구를 교육과정으로 엮어가는 과정은 참으로 힘들고 고되었다. 놀이 욕구를 유의미한 배움으로 전이시킬 수 있는 전략이 필요한 시점이었다.

학생 수준 교육과정 **계획하기**

나는 어떤 사람인가?

"선생님, 제가 뭘 좋아하는지 잘 모르겠어요."

"선생님, 저는 별로 궁금한 게 없는데요?"

"선생님, 저는 하고 싶은 게 딱히 없어요."

학생들에게 스스로 자기배움을 위한 과정을 설계해보도록 할 때 제법 많이 듣게 되는 하소연들이다. 지금껏 그저 주어지는 교육과정에 허겁지겁 따라오기 바빴던 아이들이었던 탓일까?

학생 수준 교육과정은 학생 자신의 탐구로부터 시작하는 것이 효과적이다. 자신이 무엇에 관심이 있고, 잘하는 것과 잘하지 못하는 것은 무엇이며, 무엇을 바라는지 등에 대한 탐구는 학생이 자기배움과 성장을 위한 학습 과정을 설계하는 데 큰 도움이 되기 때문이다.

국가수준 교육과정, 특히 2022 개정 교육과정에는 다음과 같이 자기 탐구 중심의 학습을 위한 성취기준이 제시되어 있다.

[2바01-02] 나를 이해하고 존중하며 생활한다.

[2바02-04] 새로운 활동에 호기심을 갖고 도전한다.

[2슬01-02] 나를 탐색하여 나에 대해 설명한다.

[4도01-01] 자신의 감정을 소중히 여기며 존중하는 태도를 바탕으로 내가 누구인가를 탐구한다.

[4도01-03] 성실한 생활의 모범 사례를 탐색하고 시간 관리를 위한 생활을 계획하여 지속적인 자기 성장을 모색한다.

[6도01-02] 생활 습관에 대한 성찰을 통해 자기 생활을 점검하고 올바른 계획을 세워 이를 실천한다.

[6도01-03] 자기가 하고 싶은 일을 선택할 때 도덕적 고려의 필요성을 알고 자신의 특기와 적성을 탐색하여 진로계획을 수립한다.

[6도01-02] 생활 습관에 대한 성찰을 통해 자기 생활을 점검하고 올바른 계획을 세워 이를 실천한다.

[6도01-03] 자기가 하고 싶은 일을 선택할 때 도덕적 고려의 필요성을 알고 자신의 특기와 적성을 탐색하여 진로 계획을 수립한다.

[6미01-02] 자신이나 대상에서 찾은 감각적 특징, 느낌, 생각 등을 관련지어 나타낼 수 있다.

[4영01-10] 자기 주변 주제나 문화에 관한 담화나 문장을 존중의 태도로 듣거나 읽는다.

| 자기 탐구 활동을 담고 있는 2022 개정 교육과정 성취 기준 |

자기 탐구 활동으로 학생 수준 교육과정을 시작한 교실에서의 장면을 들여다보자.

"선생님! 여기에 뭘 적어야 해요? 아무것도 안 적혀 있잖아요?"

5㎝ 폭의 두 뼘 남짓 되는 흰 종이를 나누어주는데 규현이가 재촉한다.

"자, 받은 종이의 반을 접어주세요. 그리고 또 반을 접고, 마지막으로 거기서 또 반을 접어주세요."

8칸이 만들어진 흰 종이에 칸마다 자신이 생각하는 장점이나 단점을 7개 적고 마지막 8번째 칸에는 장차 무엇을 이루고 싶은지를 써 보게 했다.

"선생님! 시력이 안 좋은 것도 단점에 적으면 되나요?"

"단점으로 적을 수도 있죠. 그런데 우리는 앞으로 '자기 도전과 성장'을 위한 배움을 계획하고 실천해볼 거예요. 변화시킬 수 있는 자신을 위한 장점과 단점을 고민해보면 더 좋겠어요."

교육과정 생성권을 실행하는 데 어려움을 느끼는 학생들에게는 교사가 일정 범위의 키워드를 제시해주는 것도 좋다.

교사가 '도전'이라는 키워드를 제시한다면 학생들은 각자의 교육적 욕구와 필요에 따라 '무엇'에 도전할 것인지, '어떻게' 도전할 것인지, 그 도전의 최종적 목표는 무엇인지를 '설계'하고 '실행' 후 '반성'할 수 있다.

키워드 예 : 사랑, 세계 시민, 우정, 배려, 도전, 발견, 성장, 평화

"평소 주변 사람들에게 칭찬이나 충고를 받아본 경험을 떠올려보면 자신의 장점이나 단점이 좀 더 쉽게 떠오를 거예요."

축구 하기	건강한 것	급식 안 남기고 잘 먹기	책 읽기	수업 시간에 집중 하기	바른말 쓰기	글씨 쓰기	국가 대표 운동 선수

| 자신의 장점과 단점 그리고 장차 이루고 싶은 것에 대해 쓴 활동지 |

학생들은 나의 발문에 따라 자신을 진지하게 탐색하고 고민하고 있었다. 자신이 잘하는 것, 잘하지 못하는 것, 해보고 싶은 것 등에 대해 또래 간에도 자유롭게 수다를 떨면서 말이다.

나는 어떤 역량을 갖추었고, 또 못 갖추었나?

"여러분이 원하는 놀이로 자신을 성장시킬 수 있는 방법을 고민해 봅시다."

학생 생성권을 자연스럽고 부담스럽지 않게 마주하기 위해 앞서 살펴보았던 아이들의 놀이 욕구가 자신의 유의미한 배움으로 이어질 수 있도록 자기 탐구 활동으로서 역량 수준을 알아보았다. 융합인재 핵심역량 검사(EBS 개발 표준화검사 중 초등학생을 대상으로 하는 검사)에 따른 결과지는 다음과 같이 핵심역량을 하위 요인별로 구분해 분석해준다. 글자가 빼곡히 적힌 분석지가 아이들에게 얼마나 의미 있게 다가갈까 걱정이 되었지만 자신에 대해 어떤 결과가 나왔는지 궁금해하며 몰입해 읽는 모습이 제법이었다.

4 융합인재역량 척도 결과 해석

척도	하위요인	수준	하위요인별
자주성	긍정적 자아	낮음	한하은 학생의 긍정적 자아는 낮은 수준입니다. 소극적이고 무기력하며 위축되어 있으며 자신을 부정적으로 생각할 가능성이 있습니다. 인간관계를 맺기를 피하고, 공식모임이나 단체 활동에 능동적으로 참여하지 않으려는 경향이 있습니다. 자신의 능력을 믿지 못하며 가급적 도전을 피하고 과제가 주어졌을 때 쉽게 포기할 가능성이 있습니다.
	자기주도학습	낮음	한하은 학생의 자기주도학습은 낮은 수준입니다. 공부에 대한 필요성을 느끼지 못하고 있을 가능성이 있습니다. 도전적인 과제를 회피하며, 주어진 과제를 성공적으로 수행하기 위해 더 많은 노력을 기울이기보다 쉽게 포기할 가능성이 있습니다. 비효율적인 학습 전략을 사용하며, 자기 조절 능력이 낮을 가능성도 있습니다.

| EBS 개발 표준화검사 융합인재 핵심역량 검사 결과 분석지 |

분석지를 읽고 자신에게 와닿는 문구나 기억하고 싶은 문구를 찾고 나의 강점이나 약점 역량이 무엇이며 그 결과에 대한 이유를 써보도록 했다. 시간이 제법 오래 걸리기는 했지만 자기배움을 위한 교육과정을 생성하는 계획하기 단계에서 충분히 의미 있고 중요한 활동이 되었다.

■ 나의 역량 수준을 알고 앞으로의 더 멋진 나를 만들어봅시다.

핵심역량	세부능력	나의 수준 (백분위)	척도					나의 강점 또는 약점 (결과해석을 통해 내가 알게 된 나의 우수한 능력 또는 부족한 능력)	결과에 대한 이유 (내가 우수하거나 부족한 능력을 갖게 된 이유)
			매우 낮음	낮음	보통	높음	매우 높음		
자기관리 역량	긍정적자아	(8.7)		○				1. 소극적이고 무기력하며 위축되어 있다 2. 자신의 능력을 믿지 못하고 도전을 피한다	자신감이 없고, 도전을 피하며 관계를 맺지 못해서
	자기주도 학습	(2.9)		○				1. 공부에 대한 필요성을 못 느낀다 2. 도전적인 과제를 피한다 3. 비효율적인 학습전략을 사용하고 자기조절 능력이 없다	공부에 대한 필요성을 느끼지 못하고, 자신감이 없어 도전적인 과제를 피해서

| 학생이 직접 작성한 자기 역량 분석 이해 활동지의 실제 예시 |

39

1교실 1교사 시스템의 학교에서 교사 1명이 28명의 아이들이 원하는 모든 배움 주제를 다루기란 불가능하다. 그래서 나는 '자신이 가장 중요하게 생각하거나 더 키우고 싶은 능력'을 협력적 배움 모둠 조직을 위한 기준으로 삼았다. 앞서 확인한 아이들의 놀이 욕구를 이것과 엮어보면 무언가 의미 있는 교육과정의 체계가 잡히지 않을까 하는 마음을 갖고서 말이다.

| 학생이 직접 작성한 자기 역량 분석 이해 활동지의 실제 예시 |

나는 미래 사회에서 어떤 존재여야 하는가?

'나로 인해 돌아가는 세상'이라고 칠판에 썼다. 그리고 아래에 알록달록 예쁜 천사 날개를 커다랗게 붙였다.

"우와! 천사 날개 앞에서 사진 찍어요?"

눈치 빠른 세빈이가 물었다.

"세상에서 가장 소중한 존재가 누구인가요?"

"우리요!", "자기 자신요!"

2015 개정 교육과정의 6학년 1학기 도덕 1단원 '내 삶의 주인은 바로 나'
와 미술 교과 단원 등을 재구성해 자존감 키우기 프로젝트를 진행한 덕분에
학생 수준 교육과정을 더 효과적으로 시작할 수 있었다.

| 자존감 키우기 프로젝트 활동 – 날개 달기 |

세상에서 가장 소중한 내가 있어야 다른 사람도 소중히 생각할 수
있고, 더 크게는 세상에 선한 영향력도 끼칠 수 있다는 것이 이 자존
감 향상 프로젝트의 핵심이다.

이 프로젝트를 도움 삼아 학생 수준 교육과정을 다음과 같은 생각
그물 짜기로 시작했다. 자신이 무엇을 좋아하고 잘하며 또 못하는지,
성격은 어떠한지를 알아보고 미래 사회에 나는 어떤 영향을 끼칠 수
있을지에 대해 진지하게 고민해보도록 했다.

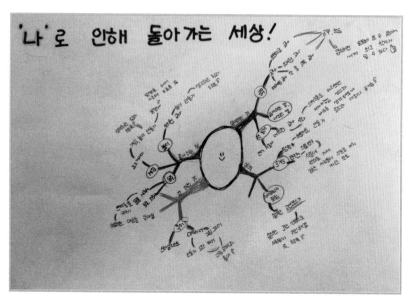

| 자신에 대한 분석, 관련 직업, 사회에 미칠 영향 등에 대한 생각그물 |

누구와 함께 배울 것인가?

학생 수준 교육과정은 협력적 배움을 지향한다. 즉 학생 수준 교육과정을 시작하기 위해서는 다양한 방법의 자기 탐구 활동을 바탕으로 협력적 배움 모둠을 구성해야 한다. 학생 수준이라고 해서 학생 개인별로 각자 자기 교육과정을 설계하고 운영하는 것이 아니라는 뜻이다.

일반적으로 통용되고 있으며 학생 개별 학습을 지원하는 학생 맞춤형 교육과정과 학생 수준 교육과정을 다음과 같이 구분해본다.

미래 학교, 학생이 주도하는 교실

구분	차이점	공통점
학생 수준 교육과정	삶을 살아가는 데 필요한 지식, 기능, 태도를 종합해 주어진 과제 등을 해결하는 힘, **역량** 중점 교육과정	• 학생 개인의 흥미, 소질, 적성, 학습 수준 등을 종합적으로 고려해 모든 학생이 유의미한 배움의 과정에서 소외되지 않음.
학생 개별 맞춤형 교육과정	삶을 살아가는 필요한 기초·기본 지식의 습득을 위한 **학력** 중점 교육과정	• 미래 교육 대응을 위한 교수학습지원

| 학생 수준 교육과정과 학생 개별 맞춤형 교육과정의 비교 |

학생 수준 교육과정 운영을 위해 협력적 배움 모둠을 구성하는 방법은 교사마다 다양할 수 있다. 학생 수준 교육과정은 교사 수준 교육과정의 하위 층위로서 교사의 교육철학과 의도에 따라 달리 운영될 수 있기 때문이다. 학생 수준 교육과정을 선도적으로 연구하고 실천해본 실천가로서 우리의 사례가 학생 수준 교육과정을 운영하는 하나의 방법이지 정답이라고 생각해서는 안 될 것이다.

놀이 욕구와 역량 수준을 바탕으로 협력적 배움 모둠을 조직한 교실의 모습을 들여다보자.

"자신의 강점이나 약점을 바탕으로 가장 중요하게 생각되는 역량을 선택해보세요."

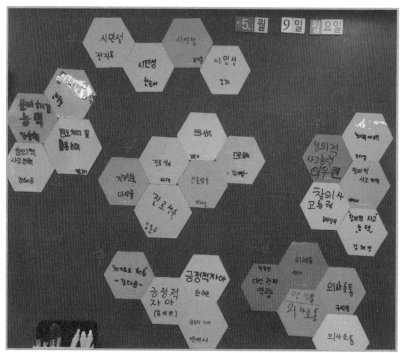

| 가장 중요하게 생각하거나 더 키우고 싶은 능력이 비슷한 친구와 모둠 짓기 |

　학급 전체 28명의 학생은 앞의 자료에서 볼 수 있듯이 시민성, 진로성숙, 긍정적 자아, 자기주도학습, 의사소통, 대인관계, 창의적 사고, 문제해결, 정보처리 활용 능력을 각각 선택했다.

　자기주도학습 능력과 대인관계 능력, 정보처리 활용 능력을 선택한 학생이 각 1명이었기 때문에 나는 아이들과 함께 어떤 모둠과 통합할 것인지를 토의해보았다. 자연스럽게 국어 교과(5학년 토의 주제 단원)와 연계해 운영할 수 있었다.

미래 학교, 학생이 주도하는 교실

선택한 역량	학생 수	협력적 배움 모둠 조직
시민성	4명	1개 모둠
진로성숙	6명	1개 모둠
긍정적 자아	3명	통합해 1개 모둠
자기주도학습	1명	
의사소통	4명	통합해 1개 모둠
대인관계	1명	
창의적 사고	5명	1개 모둠
	1명	통합해 1개 모둠
문제해결	2명	
정보처리 활용	1명	

| 역량 선택에 따라 협력적 배움 모둠 조정하고 조직하기 |

"대인관계를 잘 맺을 수 있으려면 다른 사람과 의사소통을 잘하는 것부터 해야 하지 않을까요?"

"문제를 해결하는 힘은 다양한 정보를 찾아서 활용하는 힘과 연관되는 것 같아요."

학생에게 주도권을 보장하는 교실 수업은 학생들의 생각하는 힘을 놀랍도록 향상시켰다.

교사가 아무리 협력적 배움을 위한 모둠 조직을 유도하더라도 혼자서 학생 생성권을 누리고 싶어 하는 아이가 있을 수 있다. 우리는 그런 아이에게 홀로 배움을 허용해주었다. 하지만 결국에는 다른 모둠과 통합되기를 원했다. 여럿이 끌어가는 배움의 속도와 혼자 끌어가는 배움의 속도가 현저히 차이가 날 수밖에 없고 그 성취감 또한 다르다. 또 홀로 배움을 원하는 학생의 평소 성향이 늘 혼자를 더 선호하는 아이라면, 함께 어울림을 통해 얻을 수 있는 가치에 대해 더 진지하게 코칭해줄 필요가 있다. 사회적 유대관계가 전혀 없는 사람의 경우, 사회에 옳지 않은 영향을 끼치는 사람이 많음을 보여주는 사회 이슈 등을 제시하는 것은 어떨까?

'나로 인해 돌아가는 세상'을 주제로 자기 탐구 생각그물을 짜보았던 아이들은 어떻게 협력적 배움 모둠을 조직했는지 살펴보자.
"자기 탐구 생각그물을 친구들에게 보여주고 설명해주세요."

'나로 인해 돌아가는 세상'을 주제로 촘촘히 짠 생각그물을 다른 친구들에게 공유함으로써 아이들은 서로가 무엇을 좋아하고 잘하는지, 더 하고 싶어하는지 등을 알아갔다. 이 활동은 사회 구성원의 다양성을 인정함으로써 다른 사람을 존중하고 배려해야 함을 자연스럽게 깨우치게 해주었다.

"자기 탐구 생각그물을 바탕으로 5명 내외의 협력적 배움 모둠을 만들어봅시다."

평소 친한 친구끼리 모이지는 않을까 염려되었기에 한마디 더했다.

"함께 모여 배우고자 하는 주제는 분명 이 세상을 빛나게 할 만한 가치가 있어야 합니다."

"동물 키우기를 하고 싶다고 말했던 사람, 여기 모여봐!"

평소 자주 리더십을 발휘하던 현규가 크게 소리 내자 5명이 순식간에 모였다.

"나!"

"현범아, 너 집에서 큰 개 5마리 키운다며! 우리랑 같은 모둠 안 할래?"

동물 키우기를 좋아하는 학생들 5명은 평소 집에서 대형견 5마리와 장수풍뎅이 2마리를 키우고 있는 일명 '동물 박사'라고 불리는 현범이와 같이 모둠을 만들자고 제안했고, 동물 산책하기를 하고 싶어 했던 현범이 또한 흔쾌히 응했다.

외국어를 배우고 번역하기 활동을 하고 싶어하는 현주가 다가왔다.

"나도 같이할까? 동물과 관련되는 외국어 책을 내가 찾아보고 알려주면 어때?"

다시 한번 말하지만, 학생 수준 교육과정은 학생이 주체적으로 사고하고 행동하는 주도권을 바탕으로 더 효과적으로 운영된다.

무엇을, 어떻게, 왜 배우고 싶은가?

놀이 욕구로 학생 생성권을 마주했던 교실에서 아이들은 자신이 선택한 중점 역량과 놀이 욕구를 바탕으로 배움 주제를 생성하고 구체적인 활동을 세웠다.

'카톡하기' 놀이 욕구를 보인 아이는 '긍정적 자아'를 중점 역량으로 선택했다. 똑같이 '긍정적 자아'를 선택한 또 다른 아이들은 '틱톡보기', '그림 그리기' 등의 놀이 욕구를 보였다.

다음을 보면 아이들의 놀이 욕구와 중점 역량 선택은 크게 상관 관계가 없다. 다만 내가 중점 역량과 놀이 욕구를 함께 학생 수준 교육과정으로 엮고자 했던 이유는, 아이들이 학생 생성권을 그저 즐거운 것으로 인식할 수 있기를 기대하는 데서 비롯된 것이다(다만 학생 생성권을 그저 즐겁게만 마주해서는 의미 있는 배움 성장으로써 학생 수준 교육과정 실현을 기대하기 어려울 것 같았기에, 놀이 욕구에 학생들의 역량 성장 욕구를 더한 것이다).

선택한 역량	놀이 욕구
시민성	보드게임하기, 책 읽기 등
진로성숙	운동장에서 놀기, 축구 등
긍정적 자아	카톡하기, 틱톡하기, 그림 그리기 등
자기주도학습	
의사소통	공기놀이, 유튜브 보기 등
대인관계	
창의적 사고	휴대폰 게임하기, 달리기 등

미래 학교, 학생이 주도하는 교실

선택한 역량	놀이 욕구
문제해결	수다 떨기, 영화 보기, 만화 보기 등
정보처리 활용	

| 중점 역량 선택과 놀이 욕구 |

"하고 싶은 놀이도 하고 여러분이 더 키우고 싶은 능력도 키울 수 있으려면 어떤 배움 주제와 활동을 하면 좋을까요?"

"카톡하기나 틱톡하기는 모두 스마트폰을 사용하는 거네?"

한 모둠으로 모인 아이들은 자연스럽게 서로가 하고 싶어 하는 놀이가 무엇인지, 또 그 놀이는 어떤 성격을 가졌는지 이야기를 나누었다.

무엇을 할지 방향을 잡는 기준은 함께 모인 친구들이 선택한 중점 능력과 놀이 욕구를 가급적 많이 담아내는 것이다. 서로 자기 생각이나 의견을 더 담아내려고 처음에는 말다툼도 했지만 점차 자유토론, 생각그물 짜기, 협의하기, 랜덤 뽑기 등으로 모둠원 아이들의 서로 다른 생각을 하나로 모아가기 시작했다.

나름의 의미와 방향을 찾아가도록 하는 데 교사의 적절한 발문은 매우 중요하다.

"여러분이 중점 역량으로 선택한 '긍정적 자아'가 무슨 뜻인가요?"

"자신을 긍정적으로 생각하는 거 아닌가요?"

"맞아요, 그걸 자신감이라고 하기도 하죠."

"얘들아, 우리 그럼 자신감 키우기로 주제 만들자!"

내 말이 끝나기가 무섭게 현철이는 같은 모둠 친구들에게 큰소리

49

친다.

'옳지, 됐다.'

기특한 눈빛으로 아이들을 바라보자니 저절로 미소가 떠오른다.

'나로 인해 돌아가는 세상'을 주제로 자기 탐구 활동을 마친 교실 장면을 살펴보자.

배움 주제	전기의 원리를 실험을 통해 탐구하고 이해하기

- 수학, 과학 관련 탐구를 해보고 싶은 아이들
- 전기는 중요한 자원이고 살아가는 데 도움이 되기 때문에 깊이 탐구해볼 만한 가치가 있음.
- 전기, 회로도 등 탐색 및 다양한 실험 실시 후 보고서 작성하기

배움 주제	또래 상담으로 고민 해결 돕기

- 친구 관계가 원만하고 소통하고자 하는 의지가 강한 아이들
- 상담을 어떤 식으로 진행하는지 알고 그 과정을 경험해보며 상담원의 심정을 알아보고 싶음.
- 상담 기법 분석, 실제 다양한 분야에서 상담 실시 및 결과 정리

배움 주제	축구 기술을 마스터하고 가르치기

- 축구를 매우 좋아하고 잘하는 열정적인 아이들
- 축구 기술을 사용하고 싶은 친구들을 위해 영상을 제작하고 기술을 알려주고자 함.
- 축구 기술 탐색, 팀원별 마스터 기술 정하기, 영상 제작

배움 주제	물고기를 키우면서 동물을 사랑하는 마음 갖기

- 동물 키우기, 동물 산책하기, 외국어 번역하기를 좋아하는 아이들
- 학교에서 키울 수 있는 것을 탐색해 물고기 기르기를 선택함.
- 물고기에 대한 사전 조사, 어항 꾸미기, 기르는 과정 기록하기, 관련 자료 영어 번역 자료 제작

50

배움 주제	박스로 만드는 미니어처

- 미술 활동, 박스로 미니어처 만들기를 하고 싶은 아이들
- 환경을 생각해 버려진 박스를 재료로 미니어처(음식)를 만들고 다른 사람들에게 미술의 아름다움과 기쁨을 알려주고자 함.
- 만들 음식 선정, 박스 도안 만들기, 예시 작품 만들기

배움 주제	실사 같은 풍경화 작품 제작 및 전시하기

- 그리기를 좋아하는 아이들
- 실사 같은 풍경화를 그려서 다른 사람들에게 심리적 안정감을 주고자 함.
- 그림 그릴 풍경 및 기법 탐색, 스케치, 채색, 전시

배움 주제	4스텝 피구로 우리 학교 학생들과 즐기기

- 댄스와 피구 등 체육활동에 열정 가득한 아이들
- 3스텝 피구의 장점을 이어가며 4스텝 피구 규칙을 만들고 우리 학교 학생들이 함께 즐길 수 있도록 함.
- 규칙 제작, 피구 연습, 공유, 경기 진행

| 학생이 생성한 배움 주제와 구체적인 활동의 실제 예시 |

'동물 키우기'를 주제로 모둠을 꾸린 아이들은 물고기를 키우기로 했다. 왜 물고기를 선택했을까?

"여러분, 왜 물고기를 키우기로 정한 거예요? 장수풍뎅이, 거북이, 햄스터 같은 동물은 안 될까요?"

주변에서 쉽게 구할 수 있고 학교에서 기르기가 적합하다고 생각되는 동물을 제안해보았다.

현범이가 바로 대답한다.

"장수풍뎅이는 이미 집에서 기르고 있어요. 제가 장풍이(현범이가 부르

51

를 일기에 여러 번 썼었잖아요."

"아, 그래서 학교에서는 새로운 동물을 키우고 싶다는 거군요? 그럼 거북이는 왜 선택하지 않은 거예요?"

"거북이 등껍질을 세심하게 관리해주어야 하고 빛과 온도도 늘 신경 써야 한다고 지철이가 학교에서 키우기에는 곤란할 거래요."

거북이 기르기 3년 차에 접어든다는 지철이의 조언에 따른 것이었다. 마땅한 이유를 찾아가며 세부 주제와 활동을 선택해나가는 아이들의 생각이 제법이었다.

"그럼 햄스터는 어때요? 귀여운 햄스터를 교실에서 키우면 보는 재미도 클 것 같은데요?"

지현이가 단호하게 말했다.

"햄스터가 자주 쳇바퀴를 돌려대면 수업에 방해될 수 있잖아요."

"장수풍뎅이, 거북이, 햄스터가 안 되는 이유는 충분히 알겠어요. 그럼, 왜 물고기를 선택한 건가요?"

"물고기는 방해되는 소리를 내지도 않고, 한두 마리 정도 키우는 작은 어항쯤은 쉽게 관리할 수도 있고, 먹이를 자주 주지 않아도 잘 사는 물고기 종이 있다고 하더라구요. 또 방학 때 집으로 들고 가기에도 쉬울 것 같아서요."

생명을 다루는 활동이니 아이들은 방학까지 미리 계산하고 있었다. 이러한 대화를 틈틈이 지속적으로 나누면서 처음의 계획을 계속해서 수정하고 보완해가도록 했다.

협력적 소통 역량 키우기

모두가 과학에 흥미가 있기는 하지만 세부적으로 원하는 활동 주제는 다 달랐다. 어떻게 하나의 주제를 생성해냈을까?

2015 개정 교육과정의 '의사소통 역량'은 2022 개정 교육과정에서는 '협력적 소통 역량'으로 다룬다. 여러 사람과 마주하는 다양한 상황에서 서로를 존중하되 비판적인 태도로 의견을 나누며 주어진 문제를 잘 해결해가는 능력을 강조하고 있는 것이다. 학생 수준 교육과정에서 학생들이 협력적 배움 모둠을 조직하고 모두를 위한 하나의 주제를 생성해가는 과정은 존중을 기반으로 또래 간의 피드백을 주고받게 하며 이것은 곧 협력적 소통 역량을 강화시키는 동력이 된다.

2015 개정	2022 개정
자기관리 역량	자기관리 역량
지식정보처리 역량	지식정보처리 역량
창의적 사고 역량	창의적 사고 역량
심미적 감성 역량	심미적 감성 역량
의사소통 역량	협력적 소통 역량
공동체 역량	공동체 역량

| 2015 개정 교육과정과 2022 개정 교육과정의 핵심역량 비교 |

학생	세부 활동 주제	학생 특성
다빈	문제 풀이	다른 친구들에게 설명하는 것을 좋아하고 잘함.
현수	양자역학 탐구	책을 즐겨 읽으며 특히 물리학, 양자역학, 우주에 관심이 많음.
규현	과학, 수학 뭐든 OK!	과학, 수학과 관련된 모든 활동에 성실하게 참여하고, 특히 모둠 활동을 조화롭게 잘 이끌어감.
진규	전류 탐구	물건 고치기, 농사 짓기 등에 관심이 많고 최근에는 전기에 특히 관심을 가짐.

| 과학에 흥미 있는 학생들의 특성과 희망하는 세부 활동 주제 |

"나는 물리학이나 양자역학을 탐구하고 싶어. 근데 너희한테 너무 어려운가?"

아무도 대답을 안 하고 있으니, 현수는 그럴 줄 알았다는 듯이 소리 없이 고개를 끄덕이며 수긍한다.

"전류를 이용해서 여러 가지 실험하는 건 어때?"

"전류? 잘 이해가 안 되는데, 전류하고 전기가 달라? 전류 말고 전기에 대해서 탐구해보는 건 어때?"

진규의 관심사에 맞춰 규현이가 보충 제안을 했다. 다빈이도 규현이의 생각에 힘을 보탰다.

"재밌겠는데?"

이렇게 또래 간의 생각 교환과 피드백으로 모두를 위한 하나의 주제를 생성해갔다.

제3자의 눈으로 봤을 때 한 아이의 생각을 나머지 아이가 수동적으로 따라가는 듯하게도 보일 수 있지만 학생들은 저마다의 성향을 바탕으로 자기 강점을 내세우기도 하고 상대의 감정을 읽어낸다. 물론 기가 센 아이의 의견을 맹목적으로 따라가는 경우도 있다. 이럴 때는 교사의 개입이 필요하며 구성원의 생각을 하나씩 살피고 조율해가도록 도와야 한다.

무엇을 성취할 것인가?
- 학생이 개발하는 성취기준

국가 수준 교육과정에서 성취기준이 도입된 것은 7차 교육과정부터다. 학생들이 배우고 이루어야 할 것이 무엇인지를 구체적으로 제시하는 성취기준은 학생들의 실제 유의미한 배움과 성장을 위한 교육개혁의 출발이었다고도 할 수 있다. 다시 말해, 성취기준은 학생들이 성취해야 할 지식, 기능, 태도를 분명하게 제시해준다. 그래서 교사와 학생은 무엇을 어떻게 가르치고 배워야 하는지에 대한 방향을 찾고 재구성하는 데 중요한 역할을 한다.

성취기준 구성 요소	
지식	새롭게 아는 것
기능	새롭게 할 수 있는 것
태도	새로운 마음가짐이나 태도

| 성취기준 구성 요소 |

"선생님, 주제는 선택했는데 구체적인 활동을 어떻게 짜야 할지 잘 모르겠어요."

주제 생성이 어려운 정도를 백두산 높이 정도로 한다면, 주제에 따라 구체적인 활동을 엮어내는 것은 에베레스트산 높이쯤 되겠다. 그래서 학생들은 주제에 따라 구체적인 활동을 엮어가는 데 주로 흥미만을 고려한 단순하고 재미있는 활동들로만 구성해갈 수 있다.

다음은 학생 수준 교육과정에서 학생들이 성취기준을 개발하는 장면이다.

"여러분이 선택한 주제를 통해서 새롭게 알게 되는 것과 할 수 있게 되는 것, 그리고 여러분이 가지게 되는 새로운 마음가짐이나 태도는 무엇이 되어야 하는지 생각해봅시다. '발표 으뜸이 되기'를 주제로 생성한 모둠에서는 무엇을 새롭게 알고 싶나요?"

"당연히 발표 잘하는 방법을 새롭게 알고 싶죠!"

"그럼 발표 잘하는 방법을 알고 무엇을 더 잘하고 싶나요?"

"다른 사람 앞에서 큰 목소리로 조리 있게 말하고 싶어요."

"그럼, 여러분은 어떤 태도를 기르고 싶은 건가요?"

"여러 사람 앞에서 자신 있게 발표하는 태도요!"

"여러분이 지금까지 말한 것을 한 문장으로 정리해봅시다."

"네?"

어리둥절하며 생각이 복잡하다는 듯한 표정을 하는 아이들을 마주한 나는 다시 칠판에 다음과 같이 썼다.

무엇을 성취할 것인가?

새롭게 알게 되는 것
더 잘하게 되는 것
기르고 싶은 태도

| 학생 수준 교육과정의 성취기준 개발을 돕는 판서 내용 |

"1~3번에 해당하는 내용을 모아서 한 문장으로 정리해보세요."
다음은 '발표 으뜸이 되기' 주제에 따라 학생들이 개발한 성취기준이다. 물론 학생들의 표현을 교사가 조금 더 다듬고 정리해준 것이다.

학생 수준 교육과정의 성취기준 개발 실제

발표 잘하는 방법을 알고 다른 사람에게 큰 목소리로 조리 있게 말해보면서
여러 사람 앞에서 자신 있게 발표하려는 마음 가지기

이 성취기준은 학생들이 구체적인 활동을 엮어가는 데 중요한 역할을 한다. 발표 잘하는 방법을 탐색하고 정리하는 활동부터 실제로 다른 사람 앞에서 조리 있게 말해보는 연습 등의 활동을 구성해야 한다는 것이 직관적으로 나타나기 때문이다.

학생, 자기배움 과정을 문서로 체계화하기

글과 이미지로 생각을 보다 구체적이고 논리적으로 정리해 표현하는 것은 학생들이 앞으로 자기배움을 어떻게 실행해가야 하는지에 대해 올바른 방향을 향하도록 돕는 나침반이나 지도와 같은 역할을 해준다.

'발표 으뜸이 되기' 주제 모둠에서 정리한 내용을 살펴보자. 주제를 선택한 이유, 활동 목표(성취기준 개발), 주요 활동 계획을 포함해 단위 활동에서 어떤 결과물을 생성해낼지, 또 필요한 준비물은 무엇인지 정리되어 있다.

| 학생들이 문서로 정리한 자기배움 과정 |

또한 수시로 자기배움의 목적과 방향을 확인하고 다른 주제를 생성한 모둠 간에 자연스러운 공유와 칭찬, 조언이 이루어지도록 하기 위해 다음과 같이 자기배움 생성 홍보 포스터를 만들고 게시하도록 했는데, 초등학생의 입장에서 최대한 쉽게 이해할 수 있도록 다음과 같이 육하원칙 요소를 일부 활용했다.

육하 원칙	배움 생성 내용
누가	**협력적 배움 모둠 구성원**은 누구인가?
언제	배움 생성 활동 **실행 기간**은 언제인가?
무엇을	**어떤 배움 주제**를 생성했는가?
어떻게	배움 주제에 따라 **어떤 세부 활동**을 계획했는가?
왜	**왜** 이러한 활동을 **하려고 하는가?**

| 자기배움 생성 홍보 포스터 제작 내용 |

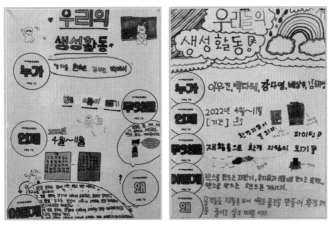

| 자기배움 생성에 대한 핵심 내용을 홍보하는 포스터 만들기 |

'나로 인해 돌아가는 세상' 교실의 아이들은 다음과 같이 자기배움 생성에 대한 내용을 문서로 정리했다. **'앎, 행동, 도움'**이라는 핵심 개념을 바탕으로 성취기준을 개발하고 활동 목표를 설정하도록 했다.

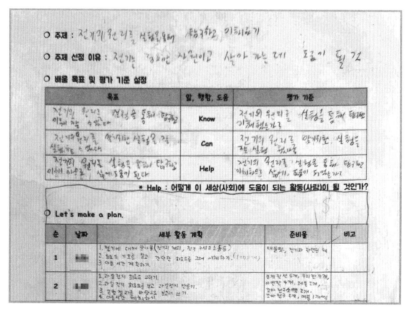

| '나로 인해 돌아가는 세상' 교실 아이들의 자기배움 생성 문서 |

교사, 학생의 것을 좀 더 다듬기

교사는 학생들이 자기배움 과정에 대해 문서로 체계화한 것을 좀 더 다듬어서 학교 교육과정의 문서로 다시 정리할 필요가 있다. 학생들은 자기배움을 위한 학습 중심의 내용을 문서로 체계화했다면 교사는 이 수업의 장면에서 무엇을 교육할지에 대해 국가 수준 교육과정과의 연계되는 내용 등을 추출하고 교사 수준의 교육과정으로 체계화해야 한다.

다음은 '발표 으뜸이 되기' 주제 모둠이 정리한 내용을 바탕으로 중점적으로 다루어야 할 역량, 교과와 연계할 수 있는 성취기준, 단위 시간의 구체적인 활동과 어떤 방향으로 교육할지에 대한 명확한 방향 등을 제시한 교육과정 문서다.

배움주제	발표 으뜸이 되기									
구성원	김○○(남), 박○○(여), 한○○(여), 강○○(여), 총 4명									
주제 선택 이유	평소 발표할 때 자신감이 좀 부족해서 자신감을 키울 수 있는 방법을 찾고 실천하면서 다른 사람 앞에서 나의 생각이나 자료를 잘 발표할 수 있는 힘을 키우고 싶다.									
중점 역량	자기관리역량			지식정보 처리 역량	창의적 사고 역량		심미적 감성 역량	의사소통 역량		공동체 역량
	긍정적자아	자기주도 학습	진로 성숙	정보처리 및 활용능력	창의적 사고능력	문제해결 능력	문화적소양	대인관계 역량	의사소통	시민성
	●									

활동 목표	지식	발표를 잘 하는 방법을 안다.
	기능	발표를 잘 하는 방법을 실천할 수 있다.
	태도	발표를 잘 할 수 있다는 자신감을 키우고자 노력한다.
관련 성취기준		[6국01-01] 구어 의사소통의 특성을 바탕으로 하여 듣기·말하기 활동을 한다. [6국04-01] 언어는 생각을 표현하며 다른 사람과 관계를 맺는 수단임을 이해하고 국어생활을 한다.

	순	주요 활동	활동 결과물
주요 활동 계획	1	발표를 잘 하는 방법을 주제로 한 다양한 콘텐츠를 탐색하기	활동 보고서
	2	'야 너두 발표 잘 할 수 있어!' 포스터 만들기	제작 포스터
	3	'야 너두 발표 잘 할 수 있어!' 영상 콘텐츠 만들기 1 (제작 시나리오, 역할 구분 하기)	활동 보고서
	4	'야 너두 발표 잘 할 수 있어!' 영상 콘텐츠 만들기 2 (시나리오 연습하고 1차 촬영하고 고칠 점 찾기)	활동 보고서
	5	'야 너두 발표 잘 할 수 있어!' 영상 콘텐츠 만들기 3 (추가 촬영하면서 최종 촬영 마무리 하고 편집하여 완성하기)	활동 보고서
	6	'모두 나에게 집중!' 3분 자유 발표 주제 찾고 개요 짜기	활동 보고서
	7	'모두 나에게 집중!' 3분 자유 발표 원고 글 쓰고 연습하기	발표 원고
	8	'모두 나에게 집중!' 3분 자유 발표 하기	발표 영상

발표 및 평가 계획	'야 너두 발표 잘 할 수 있어!'라는 주제에 대한 제작 자료(포스터, 영상 콘텐츠)를 다른 사람들에게 소개하여 누구든 발표력을 키울 수 있다는 마음을 갖도록 한다.
교사 지원 조력 계획	다른 사람 앞에서 자신의 생각이나 자료를 발표하는 것이 절대 어려운 것이 아니라는 것을 느끼도록 부담이나 긴장을 제거할 수 있도록 코칭한다.

| 발표 으뜸이 되기 모둠의 교사 수준 교육과정 문서 체계 |

어떤 활동을 생성하고 실행하는지에 따라 필요한 준비물도 천차만별이다. 교사는 학급 자율 운영비와 교육과정 운영 자료 구입비 등의 예산을 활용해 학생들이 필요로 하는 준비물을 적극 지원해주어야 한다.

"선생님, 우리 모둠은 물고기를 구입해야 해요. 그런데 어떤 물고기를 사야 할지 잘 모르겠는데, 직접 수족관에 가서 물어보면 안 될까요?"

교실에서 기르기 적절한 물고기의 종류를 탐색하고 그 결과를 교사인 나에게 알려주면 구입하겠다고 말하려다가, 원하는 물고기 종을 쉽게 구매하기가 어려울 수도 있겠다는 생각이 들어서 아이들의 요구를 수용하기로 했다.

"무엇을 직접 물어보고 싶은 건가요?"

"우리가 교실에서 키울 수 있는 물고기를 직접 보고 어항은 어떻게 꾸미고 청소해야 하는지, 먹이는 얼마나 자주 주어야 하는지 정확하게 물어볼 거예요."

지원금을 건네주면서 모둠원 중에 누가 가기로 했는지, 부모님께 허락은 구했는지, 오고 가는 길을 잘 알고 있는지 등에 관해 물어보며 안전하게 잘 다녀올 것을 당부했다.

다음 날, 투명한 봉지에 물과 함께 담아온 물고기를 두 뼘 남짓 되는 사각 수조에 부었다.

"물고기 이름이 뭐예요?"

어떤 물고기를 준비해 왔는지, 수족관 방문은 어땠는지 참 궁금했다.

"엔젤피쉬예요."

"먹이는 한 꼬집 정도 주면 된대요."

나는 고개를 끄덕여주며 수족관에서 어떤 질문을 했고, 잘 기르는 법에 대해 무엇을 알아왔는지 등은 더 묻지 않았다. '물고기 기르기' 주제의 모둠은 물고기를 잘 기르고 관찰하면서 동물을 사랑하는 마음을 다지기로 한 만큼 매 단위 시간의 활동을 실행하고 성찰하는 과정에서 엔젤피쉬의 알맞은 생태 환경 등이 무엇인지는 자연스럽게 알게 될 것이 분명했기 때문이다.

단위 시간의 활동 목표를 명확히 하라

80분 단위의 자기배움 생성활동 실행 수업이 시작되었다.

"'발표 으뜸이 되기' 주제 모둠은 이번 시간에 어떤 활동을 하나요?"

"발표를 잘하는 방법에 대해 설명해주는 영상을 찾아볼 거예요."

"그리고 어떻게 하면 발표를 잘하는지를 설명해주는 포스터를 만들 거예요."

"그럼, 오늘 여러분의 배움 성장 포인트는 무엇인가요?"

"자료를 잘 찾아야 하고…."

"발표 잘하는 방법이 무엇인지 포스터로 만들면 더 잘 기억할 수 있잖아."

자신 있게 대답하지 못하는 현지를 대신해서 예서가 말했다. 나는 아이들의 말을 모아 정리한 것을 다시 말해주었다.

"자료를 찾고 중요한 내용만 골라서 포스터로 만들어보면, 발표 잘하는 방법에 대해서 더 잘 기억할 수 있겠네요."

"네!"

아이들의 목소리에 힘이 더 실렸다.

교사는 반드시 단위 수업을 시작할 때 학생들의 활동 목표를 확인시켜주어야 한다. 계획 단계에서 자기배움 과정을 문서로 체계화하면서, 학생들은 실행 단계의 단위 시간 내에 무엇을 해야 할지에 대해 명확히 알게 된다. 무엇을 해야 하는지 아는 것은 곧 단위 시간의 활동 목표를 명확히 아는 것인데, 이것은 학생이 스스로 생성한 자기배움 과정이 얼마나 잘 실행될지를 좌우한다.

매 단위 시간의 활동을 성찰하게 하라

"자, 이제 오늘 활동을 마무리해봅시다. 주제 모둠별로 활동한 결과를 발표하고 서로 칭찬이나 조언을 해주면 좋겠어요."

"우리 '발표 으뜸이 되기' 모둠에서는 발표를 잘하는 방법을 찾아서 포스터로 만들었습니다. 발표를 잘하기 위해서는 첫 번째로 전체적인 흐름을 외워야 합니다. 흐름을 쉽게 외우기 위해서는 핵심 키워드를 기억하면 되고 또 여러 번의 시뮬레이션을 해보아야 합니다."

'발표 으뜸이 되기' 모둠의 예서가 오늘의 활동 결과를 발표했다.

"시뮬레이션이 뭐야?"

지찬이가 물었다.

"연습을 많이 해야 한다는 뜻이야."

"진짜 저렇게 하면 발표를 잘하게 돼?"

"앞으로 우리가 저렇게 해볼 거야."

"우와, 나도 같이하면 좋겠다."

"근데 너희들, 깔끔하게 진짜 잘 썼다."

어떤 내용인지 쉽게 잘 알겠다는 듯이 규현이가 칭찬한다.

"고마워."

예서가 어깨를 으쓱하며 답한다. 좋았던 점이나 아쉬웠던 점에 대해서 발표하라는 나의 눈빛을 읽은 민혁이가 예서의 발표에 이어서 말했다.

"오늘 활동을 하면서 재미있는 영상을 많이 볼 수 있어서 좋았고 또 영상에 대해서 중요한 내용만 골라내는 방법을 잘 알게 된 것 같아요. 근데 제가 쓸데없는 영상을 본다고 짜증 낸 친구가 있어서 조금 속상했어요."

"민혁이가 자꾸 개그 영상을 보고 있었어요!"

예서가 고자질 삼아 쏘아댄다.

"그래서 내가 미안하다고 했잖아."

풀이 죽은 민혁이가 한 번 더 공개 사과를 한다. 보고 있자니 피식 웃음이 난다. 아이들은 자연스럽고 편안하게 궁금한 것을 묻고, 하고 싶은 말도 하며 또 칭찬도 해주었다. '학습의 부담과 긴장'보다는 '배움의 즐거움과 편안'이 느껴지는 순간이다.

자기배움 생성활동의 실행이 어떠했는가에 대해 스스로 평가하고 또래의 평가를 들어보는 것은 오늘 활동에 대한 성취 수준을 파악하고 다음 활동을 어떻게 실행해야 할지에 대한 방향 등을 수정, 보완할 수 있게 한다.

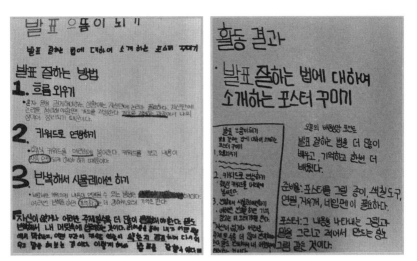

| 발표 으뜸이 되기 모둠의 80분 단위 활동 결과물 |

단순히 재미있는 활동만으로 생성하면 어쩌지?

"선생님, 4스텝 피구를 주제로 하는 모둠은 그냥 밖에 나가서 피구하면서 노는 거 아닌가요?"

평소 밖에서 축구하기를 즐기는 진수가 피구공을 들고 바깥으로 나가는 모둠의 친구들을 보며 뾰로통하게 말한다. 사실 나도 속으로 걱정을 하던 터였다. 과연 아이들이 진지하고 의미 있게 활동을 실행해 갈지에 대해서 말이다.

"4스텝 피구 주제 모둠 여러분, 친구들이 하는 말을 들으니 어때요?"

"기분이 별로 안 좋아요. 우리를 의심하는 거 같아요."

"아, 의심으로 느껴져요? 왜요?"

"우리는 나가서 계획한 대로 열심히 활동하고 올 거예요."

나는 더 이상 아무 말도 하지 않고 그저 엄지척을 보내주었다. 10여 분이 지나고서 나는 4스텝 피구 주제 모둠의 아이들의 활동을 조력하러 나갔다. 물론 교실에서는 다른 각 모둠의 활동이 알차게 이루어지고 있었다.

"4스텝 피구 경기장을 오각형 모양으로 하자. 그냥 사각형 모양보다 더 넓을 것 같은데."

"오각형보다 원이 더 넓지 않아?"

'4스텝 피구로 우리 학교 학생들과 즐기기' 주제 모둠의 아이들이 수학적 개념을 활용하며 4스텝 피구 경기장 모양을 구상하고 있었다. 자기배움 생성활동이 단순히 흥미 있는 놀이적 활동으로만 진행될 것이라는 우려가 사라지는 순간이었다. '나로 인해 돌아가는 세상'이라는 대주제를 바탕으로 세상에 끼칠 긍정적인 영향을 자기배움 생성활동을 통해 만들어내기 위해서는 활동 내용에 대한 진지한 접근과 몰입이 있어야 했다.

계획은 계획일 뿐, 필요하다면 바꾸어야 한다

내리는 비를 보며 아이들이 한숨을 쉰다.

"지난 시간에 만든 규칙대로 4스텝 피구를 해보는 날인데…"

이번 시간에는 지난 시간에 만든 4스텝 피구 규칙을 실제로 적용해 경기를 해보고 고칠 점을 찾기로 한 것인데, 날씨라는 변수가 생긴 것이다.

"비를 피할 수 있는 공간이면 되잖아. 자전거 보관소 옆에 천장 있는 중간 뜰 어때?"

어떻게든 밖에 나가서 우리의 계획대로 하고야 말겠다는 듯 현철이가 말한다.

"그러다가 공이 바깥으로 굴러 나가면 비를 맞고 공을 주우러 가야 하잖아."

"자, 비오는 날은 안전한 배움 활동을 위해서 실내에서 활동하는 게 더 좋겠어요."

내가 한마디 거들었다. 수긍한다는 듯 잠시 아무 말이 없다.

"교실에서 할 수 있는 피구 경기를 만들자!"

"교실은 좁으니까 쪼그려 앉아서 피구를 하는 거야."

"쪼그려 앉아서 피구공을 던지면 힘만 들고 재미도 없을 것 같은데?"

"그럼, 피구공 대신 풍선으로 하면 어때?"

좋은 생각이 떠올랐는지 유성이가 신나게 말한다. 말꼬를 튼 4스텝 피구 주제 모둠의 아이들이 자연스럽게 의논한다. 그런 아이들에게 나는 물었다. 변경된 계획에 따라 오늘 어떤 활동을 해야 하는지를 명확히 알게 하도록 하기 위해서였다.

"그럼 여러분이 오늘 하려고 하는 활동의 목표는 무엇인가요?"

| 기존 | 4스텝 피구의 기본 규칙을 적용해 피구 경기를 해보고 고쳐야 할 규칙이나 새로 더 만들어야 할 규칙 알아보기 |

▼

| 변경 | **교실에서 즐길 수 있는 간단한 피구 경기 만들기** |

| 우천으로 인해 기존 계획을 다시 수정한 '4스텝 피구' 주제 모둠 |

계획하기 단계에서 학생이 생성한 활동 계획은 실행 과정에서 얼마든지 다시 수정되고 보완할 수 있다. 이전 시간의 활동이 어떻게 이루어졌고 얼마만큼의 성취를 가져왔는지, 또는 준비물을 미처 준비하지 못했거나 날씨와 같은 주변 환경이 어떻게 주어지냐에 따라 실행할 수 있는 활동과 또 그렇지 못한 활동이 있기 마련이다.

아이들은 어른이 생각하는 것보다 훨씬 창의적이고 유동적이다. 변수가 생긴다면 '어쩔 수 없다'라고 푸념하기보다 '새로운 것을 창작할 수 있는 기회'로 여길 수 있도록 코칭해야 한다.

시행착오는 더 깊이 있는 배움을 돕는다

"요즘 날씨가 너무 더운데 주말 동안에 물고기들이 잘 지낼 수 있을까요?"

물고기를 기르고부터 첫 번째 주말을 맞이했다. '물고기 기르기' 주제 모둠의 기현이에게 넌지시 물었다. 지난 시간에 엔젤피쉬가 잘 살수 있는 물의 온도가 26도라고 발표해준 모둠 아이들의 말이 떠올랐다. 무더위가 예상되는 주말의 교실 온도는 26도 이상이 될 것이 분명했다. 아이들은 어떤 대응을 준비하고 있을지 궁금하기도 했고 한편으로는 물고기가 죽지는 않을까 걱정되었기 때문이다.

"괜찮아요. 바깥 온도만 높고 교실 안은 26도 정도로 괜찮을 거예요. 요즘 날씨가 이렇게 더운데 교실 온도는 26도 이상으로 높아진적이 없거든요."

자신 있게 말하는 기현이에게 나는 고개를 두어 번 끄덕여주며 '그렇구나'라는 뜻을 보여주었다. 하지만, 기대와 달리 걱정은 현실로 나타났다. 주말 동안 엔젤피쉬는 무더위 속에서 모두 죽어버렸다.

월요일 아침, 엔젤피쉬 어항를 둘러싼 아이들의 표정이 어두웠다. 그렇지만 이내 마음을 정리하고 죽은 물고기를 어떻게 처리해야 하는지를 찾아보고는 어항을 정리하기 시작했다.

방과 후에 기현이가 찾아왔다.

"선생님, 죄송해요. 제가 괜히 괜찮다고 했나 봐요."

기현이가 찔끔 흘린 눈물을 닦으며 주말 동안에 물고기는 아무 이

71

상 없이 잘 살 수 있을 거라고 자신만만하게 말했던 자기 행동을 뉘우치고 있었다.

"재우가 자기 집에서 키우고 있는 구피를 두 마리 기증해준대요."

이어서 기현이가 기쁜 소식을 들려준다. 물고기 없는 '물고기 기르기' 주제 모둠의 활동 실행을 위해 어떤 지원을 해야 할까 고민하던 차였기 때문이다. 새로운 물고기로 처음부터 다시 시작하는 '물고기 기르기' 주제 모둠 아이들은 시행착오를 겪은 후 좀 더 체계적으로 탐구하기 시작했다.

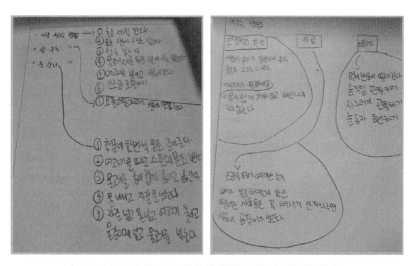

| '물고기 기르기' 주제 모둠의 첫 번째 물고기 '엔젤피쉬' 탐구일지 |

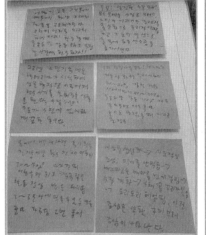

| '물고기 기르기' 주제 모둠의 두 번째 물고기 '구피' 탐구일지 |

두 번째 물고기인 구피와 관련된 탐구일지는 첫 번째 물고기에 대한 탐구일지보다 확연히 더 많은 내용을 싣고 있다. 물론 더 많은 내용을 담았다고 해서 더 체계적으로 탐구한다고는 볼 수 없지만, 이처럼 첫 번째 물고기와 두 번째 물고기에 대한 탐구일지를 비교해보면 적어도 그 태도와 의지만은 첫 번째 물고기를 죽게 한 시행착오 이후 훨씬 더 발전했음을 알 수 있다.

자기배움 생성활동은 스스로 배움을 채워간다. '물고기 기르기' 주제 모둠처럼 불확실한 상황에서 우려되는 결과에 대해서 경험이 많은 교사가 '맞다', '틀리다'를 직접적으로 지도한다면 아이들은 불확실한 상황에서 늘 교사에게만 의존하려고 한다.

교사의 의도적인 질문을 통해 학생들의 계획을 점검해주고 학생들의 판단을 함께 믿어주고 따라주는 것이 필요하다. 실제로 '물고기 기르기' 주제 모둠은 시행착오를 겪은 이후부터는 더 체계적으로 탐구하고 준비하며 실행해가는 모습을 보였다.

학생 수준 교육과정 **공유하기**

배움을 축제로 잇다

'나는 무엇을 어떻게 배울 것인가'에 대한 자기 질문을 시작으로 배움 주제를 찾고 구체적인 활동을 계획한 후 그 실행 과정에서 겪는 다양한 경험, 즉 학생의 실제 성장을 이끄는 원동력이라고 할 수 있는 이 경험을 다른 사람과 나누고 공유하는 것은 매우 중요하다. 얼마나 잘 배웠는지에 대한 진지한 성찰을 유도하기 때문이다.

배움을 나누고 공유한다는 것은 학생 저마다 익힌 내용이나 결과 등을 다른 사람에게 다시 가르친다는 뜻으로 이해할 수 있다. 학생들은 주로 배우고 익히는 활동에 몰입해왔기 때문에, 다른 사람을 가르쳐본 적은 거의 없다.

'가르칠 수 있어야 제대로 아는 것이다', '가르칠 때 더 많이 배우고 성장한다'라는 말의 뜻을 새겨야 한다. 자기 입장에서는 잘 알고 있고 또, 잘했다고 생각했던 과정이나 결과이지만 이것을 다른 사람에게 가르치는 과정에서는 '아차' 하는 순간을 마주하게 한다. 물론 높은 성취감을 만끽하는 경우도 있고 말이다.

배움을 나누고 공유하는 자리를 축제처럼 만들자. '아차' 하는 순간의 주변 분위기는 더 깊이 있는 배움의 동기가 될지, 그저 실패한 배

75

움이라는 좌절감만 주고 말지를 결정짓는 역할을 한다.

"제가 선생님을 어떻게 가르쳐요?"

"선생님, 저는 가르칠 게 없어요. 다 망했어요!"

자기배움의 내용과 결과를 친구, 선배, 후배 그리고 선생님들께 가르쳐주는 시간을 가져보자는 말에 되돌아온 아이들의 반응이었다. '아차' 싶었다. 배우는 것에 익숙한 아이들에게 가르치라고 말하니 당연한 반응이지 않겠는가.

"선생님이 여러분의 마음에 부담을 줬나보네요. 가르치는 것이 아니라 소개하는 시간이라고 바꿔 말할게요. 여러분이 주도한 생성활동의 내용과 결과가 어떠했는지를 있는 그대로 다른 사람에게 소개해주면 어떨까요? 만약 스스로 실패했다고 생각되는 부분은 솔직하게 그 이유와 함께 그대로 소개하면 돼요. 각자의 배움을 서로 소개하고 축하해주는 즐거운 축제라고 생각해주세요."

"축제요? 우와!"

"그래요, 우리 '배움나눔축제'라고 이름 붙입시다!"

학생들에게 '발표', '소개'라는 것은 '완벽한 것을 보여주고 알려주는 것'으로 잘못 통용되는 경향이 있다. 배움을 나누는 자리는 우수하고 잘된 결과를 뽐내고 자랑하는 기회가 아니라 함께 더 배우고 발전해나가는 자리로서 축제와 같은 즐거운 자리라는 것을 인식시켜주는 것이 필요하다.

스스로 움직이는 아이들

배움나눔축제 날이다. 아침 일찍부터 4스텝 피구 규칙을 개발하고 그것을 소개하겠다는 모둠의 아이들이 자발적으로 중간 뜰의 쓰레기를 줍고 있었다. 방과후에 발생하는 쓰레기 양이 제법 많아서 평소라면 학급 단체로 일부러 시간을 내어서 하는 활동인데 말이다.

쓰레기 봉투가 가득 찰 만큼 쓰레기를 주웠고, 활동하다가 미끄러져 넘어질 수 있다며 보도블록 위의 모래까지 빗자루로 싹 쓸어놓았다. 직접 만든 규칙 포스터와 활동 제목 현수막도 잘 보이는 벽면에 붙이고 고깔로 경기장을 만들어놓았다. 아이들이 스스로 움직이고 있었다.

"애들아, 3학년 동생들에게는 이 4스텝 피구 체험 경기장이 너무 큰 거 같은데, 좀 줄여야 하지 않을까?"

4스텝 피구 모둠의 상철이였다. 학년에 따라 어떻게 소개하고 체험하게 도와줄지에 대해 기대 이상으로 준비하고 있었다.

"오일 파스텔이 잘 부러지니까, 테이프를 좀 말아서 붙여두는 게 어떨까?"

실사 같은 풍경을 오일파스텔로 그린 것을 소개하고 체험시켜주겠다는 모둠의 현지였다. 학생들이 스스로 생각하고 움직이며 고쳐가고 있었다. 학생 주도권이 보장되기를 기대하고 실천하는 교실 문화 덕분이다.

무엇을 어떻게 나누고 공유하는가?

특정 기간 중 쉬는 시간과 점심 시간 등 틈새 시간을 주로 활용해 학교 전체 학년에 각 모둠별로 자유롭게 배움 과정과 결과를 소개, 전시, 발표하고 체험할 수 있도록 했다.

다음은 배움나눔축제에 참여한 여러 모둠의 활동 내용이다.

부스 번호	배움 주제	전시 발표, 설명 체험 공연	학생명
1	야, 너두 발표 잘 할 수 있어!	**전시** 포스터, 활동보고서, 책일지, 클레이 마이크, 발표 잘 하는 방법 영상 재생 **발표, 설명** 활동이유, 활동 해온 과정과 결과물 설명, 활동을 통해 더 키운 힘 등 **체험** 클레이로 마이크 만들기	김○○ 강○○ 한○○ 박○○
2	우리 부스로 가자 민주시민이 뭔지 알려줄게	**전시** 민주시민을 주제로 만든 에코백, 바람개비, 망친 보드게임 **발표, 설명** 활동이유, 에코백과 바람개비에 담긴 민주시민의 의미 설명, 보드게임을 망친 솔직한 이유, 활동을 통해 더 키운 힘 등 **체험** 자신이 생각하는 민주시민에 대한 그림이나 문구를 에코백에 꾸미기	한○○ 전○○ 김○○ 우○○
3	정보매체의 활용과 정리의 달인	**전시** 미니북, 일지, 보드게임, 신문 **발표, 설명** 활동이유, 일지에 기록된 다양한 내용(신문, 보드게임 만든 과정, 우리 배움생성주제에 대한 구체적설명, 활동을 통해 더 키운 힘 등 **체험** 직접 제작한 보드게임, 퀴즈 맞추기	김○○ 유○○ 김○○ 김○○ 이○○
4	재발견의 신	**전시** 직접 만든 자판기, 단점보완 우산 **발표, 설명** 직접 만든 자판기의 제작 과정, 우산을 보완해온 과정, 활동을 통해 더 키운 힘 등 **체험** 직접 만든 자판기 작동, 단점보완 우산에 대한 소감 쓰기	백○○ 이○○ 배○○ 권○○ 창○○
5	기자 특공대	**전시** 직접 인터뷰한 영상 재생, 활동 보고서, 일지 **발표, 설명** 활동 이유, 인터뷰한 과정과 내용, 재미있었던 점, 활동을 통해 더 키운 힘 **체험** 인터뷰한 사람에 대해 알아맞히기 퀴즈	권○○ 송○○ 김○○ 구○○ 안○○

| 배움나눔축제에 참여하는 주제 모둠의 나눔 및 공유 내용 |

미래 학교, 학생이 주도하는 교실

배움나눔축제는 학교, 학년, 학급 단위 다양한 형태와 방법으로 운영할 수 있다. 시수 확보가 가능하다면 학교 단위로 1~2일 전일제로 운영하는 것이 축제 분위기를 만끽할 수 있다는 장점이 있다.

'버려진 물건을 재활용해 환경지킴이 되기' 주제 모둠에서는 버려진 상자로 자판기 장난감을 만들었다. 개인적으로는 창의적 사고력을 키우고 사회적으로는 환경위기에 대응한다는 목적을 가진 모둠이다. 이 모둠에서는 배움나눔축제에서 '재발견의 신'이라는 현수막을 걸었다. 아이들 생각이 어른 버금간다, 아니 으뜸간다.

"재발견의 신, 모둠을 대표하는 메시지가 정말 좋네요."

"버려진 상자로 자판기 장난감을 만들 수 있다고 발견한 우리 모둠을 뜻하는 말이에요!"

자기 생각이 많이 반영되었는지 다빈이의 목소리가 우렁차고 어깨까지 으쓱인다.

"재발견의 신, 이 모둠에서는 무엇을 소개하고 전시하나요?"

"자판기 장난감을 만져보게 할 거예요"

"아니야, 먼저 자판기 장난감을 어떻게 만들었는지 소개하고 설명부터 해야지!"

"우리 부스에 많이 구경 오라고 알리는 포스터도 만들자."

아이들 수준에서 이해할 수 있도록 배움나눔축제의 운영 취지와 방향, 목적, 기간에 대해서 잘 안내만 한다면, 아이들은 의문을 품는 질문과 해답을 스스로 찾아가면서 주어진 상황이나 과제 해결을 위한 구체적인 방법과 내용을 마련하고 실행할 수 있다. 아이들의 잠재력을 발현시키고 실제 성장으로 이끄는 가장 좋은 방법은 학생 주도권을 보장시키는 것임을 한 번 더 강조할 수 있는 시점이다.

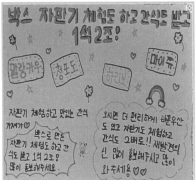

| 버려진 상자로 만든 자판기 장난감과 홍보 포스터 |

| 배움나눔축제에서 자판기 장난감을 소개하고 체험시켜주는 장면 |

'물고기 기르기' 주제 모둠에서는 교실에서 키워온 물고기를 소개한 후 물고기에 대한 사랑과 관심을 높여주고자 다양한 활동을 준비했다. 퀴즈, 물고기 그리기, 물고기 모양 팔찌를 만들 수 있는 체험 공간을 운영했다.

"우와! 진짜 교실에서 키운 거예요?"

자그마한 어항 속의 물고기를 보면서 박수까지 쳐준다. 박수를 받는 모둠 아이들의 얼굴에 미소가 가득이다. 방과후나 주말에도 물고기 기르기에 꾸준히 관심을 갖고 부지런히 키워온 것에 대한 뿌듯함을 느끼는 듯해 보였다. 물고기 모양 팔찌 만들기 체험을 안내하는 모습이 그 어느 때보다 활력이 넘쳤다.

"어떡하지? 어떡해!"

갑자기 들려오는 당황한 목소리와 허둥거리는 몸짓에 무슨 큰일이 났나 싶었다. 미처 물고기 모양 팔찌 만들기의 매듭 짓는 방법을 완벽하게 익혀놓지 않은 것이었다.

"태블릿으로 빨리 검색해보자."

선생님을 부르며 도움을 요청하러 올 것이라는 예상과 달리, 침착한 지현이의 말에 다시 '물고기 기르기' 주제 모둠 아이들이 바쁘게 움직였다.

"매듭은 이 영상을 보시면 쉽게 따라 할 수 있습니다."

현주가 매듭을 못 짓고 기다리고 있는 학생에게 친절하게 안내를 했다. 잘 따라 하지 못하는 저학년 후배 학생에게는 직접 매듭을 지어주기도 했다.

"이 매듭짓는 방법은 평생 안 잊어버릴 것 같아."

친절하게 안내하며 가르쳐주던 현주가 안도의 목소리로 말했다. 모둠 아이들은 언제 당황했냐는 듯, 금방 다시 안정적으로 부스를 운영하며 축제를 즐겼다.

삶에서 갑작스럽게 맞닥뜨리게 되는 어려운 상황을 어떻게 헤쳐나가느냐에 따라 삶의 질과 방향은 매우 달라진다. 이때 필요한 역량은 학생이 주체적으로 사고하고 행동하며 성찰하는 과정에서 키울 수 있는 것이다. 문제 상황 속 아이들이 가엾다고 먼저 해결해주지 말자. 아니, 아이들이 스스로 해결하고 성장할 수 있는 기회를 뺏지 말자.

다음은 배움나눔축제의 여러 모둠 부스를 체험한 학생들의 소감 일부와 그 내용을 다시 정선해 표현, 정리한 것이다. 친구, 동생, 선배가 나누어주는 배움에서 저마다 느끼고 생각하는 것은 달랐지만, 모두 하나같이 긍정적인 표현이었다. 속으로는 좀 아쉽고 나보다 오히려 더 못한다는 식의 우쭐거림이나 자만을 느끼는 학생들도 물론 있었을 테다. 하지만 축제라는 즐거운 분위기에 따라 누군가의 배움을 특정 기준에 따라 평가하기보다는 축하와 응원, 그리고 감사하는 메시지를 남겨주었다.

포스멀 피구가 재미있고 안내위등 분들이 친절충나셔서 좋았다 친구와 하고 더 재밌었다.	'4스텝 피구'를 친구와 함께 할 수 있어서 재미있었고 친절하게 가르쳐주어서 좋았다.
생각보다 훨씬 재밌었고 게임과 규칙을 만든 점이 대단하다고 느꼈사	게임과 규칙을 직접 만들 수 있다는 게 참 대단했다.
만들었보니까 너무 재밌고 마카롱을 못 만들었 새는데 이제 언니가 알려조서어 잘만들수있게 게만야	언니가 알려줘서 마카롱을 잘 만들 수 있었다.
상담 고민이 나에게 올바른 길로, 걱정없는 길로 갈수 있게 해주는 고나.	고민을 상담해보니 한결 마음이 가벼워졌다.
·재미있고 가창력이 있었어요, ·실험할체가있었어요, ·완전 친절 했어요,	정말 재미있어서 심심할 틈이 없었고 친절했다.
6학년 언니 오빠들과 하니깐 더 재미있었다	6학년 언니와 오빠들이 가르쳐주니까 더 재미있었다.
우리 형아가 친절 타게 어떡게하는지 알려줘다	형이 친절하게 어떻게 하는지를 알려주었다.
1. 손님을 대할때는 얀서이여도 바른 태도로 말한다	친한 사이에서도 바른 태도로 예의를 갖추어 말해야 한다는 것을 배웠다.
재미있었고 새로운 실을알게돼어기쁘다 그리고 6학년 형들은 똑똑하단것도알았다.	새로운 것을 배워서 좋았고, 6학년 형들이 대단하다고 생각했다.

| 배움나눔축제의 모둠별 부스 체험학생들의 소감 |

물고기를 그릴때 자유롭게 그릴수 있어서 좋았고 새로운 지식을 얻어서 좋았다	다양한 물고기를 그려볼 수 있었고, 새로운 지식을 얻어서 좋았다.
반도체 (전구에 불켜기가) 신기했다 소드테일이 신기했다.	전구에 직접 불을 켜볼 수 있어서 신기했다.
나의 고민을 풀어주는게 신기했어요.	나의 고민이 해결되어서 좋았다.
축구를 인생 처음으로 배워보니 어색했지만 재밌었다.	축구를 처음 해봐서 어색했지만 재미있었다.
과학은 신기하다는 것 알게 되었다	과학이 참 신기하다는 것을 느꼈다.
1. 오일파스텔로 하늘을 표현하니 예쁘고, 이런 활동을 생각해낸 것이 대단합니다. (그림그리는 아이들) 2. 반도체의 모양이 예쁘다	오일 파스텔로 하늘을 표현하니 예쁘고, 이런 활동을 계획한 것이 대단하다.
풍경화를 그리는게 어려웠지만 만드는게 재밌었다. 그리고 친구와 돌아다니며 체험을 하는 것이 신났다.	친구와 자유롭게 체험을 할 수 있어서 신났다.
환경을 위한 캠페인을 하니깐 나도 지구를 아끼는 것 같아 좋았다. 그리고 지구가 아파하니 상자가 남으면 재사용하자라는 것을 느꼈다	나도 지구를 아꼈다는 생각에 뿌듯했다. 나도 상자를 재활용해야겠다.
언니, 오빠들이 아이디어를 내어 체험한게 너무 재미있었어	언니, 오빠들이 직접 아이디어를 낸 것을 체험해보니 정말 재미있다.

| 배움나눔축제의 모둠별 부스 체험학생들의 소감 |

학생 수준 교육과정 성찰하기

메타인지와 전이

존 플라벨(J. H. Flavell)은 '인지 상태를 인지하는 능력'이라는 뜻의 '메타인지(Metacognition)'를 처음 도입했다. 메타인지는 자신이 무엇을 얼마나 잘 알고 모르는지를 알고 그에 따라 예상되는 결과를 아는 능력이다. 다시 말해, 자신의 인지 상태를 더 높은 관점에서 살피고 통제하면서 자신을 객관적으로 볼 수 있는 능력이다. 최근에는 학습의 성공전략으로써 메타인지가 크게 주목받고 있는데, 그 이유는 메타인지를 통해서 지금 자신에게 무엇이 부족하고 필요한지를 알고 효과적인 자기 학습법을 찾을 수 있기 때문이다.

학생 수준 교육과정에서 특히 중요한 것은 학생이 주도적으로 생성하고 실천한 자기배움의 과정과 결과를 객관적으로 이해하는 메타인지, 그리고 이를 통해서 더 나은 배움이나 또 다른 배움으로 이어지도록 하는 '전이(Transfer Learning)'이다. 인공지능(AI)의 학습 방식인 딥러닝(Deep learning)이 바로 '전이'라고 할 수 있는데, '전이'란, '먼저 배운 특정 분야의 지식, 정보, 경험을 활용해 다른 분야를 이해하고 새롭게 활용하는 것'이라고 이해하면 된다.

어떤 문제 상황에 마주했을 때, 그 문제 상황을 해결하기 위해 필요

85

한 것이 무엇이며 현재 자기 수준이나 상황은 어떠한지를 객관적으로 파악하고 현재 자신이 품고 있는 지식이나 경험을 바탕으로 새로운 것을 빠르게 학습해 마침내 마주한 문제 상황을 해결할 수 있으려면, '메타인지'와 '전이'가 잘 이루어져야 한다. 그리고 이 '메타인지'와 '전이'의 능력은 진지하고 의미 있는 '성찰' 과정을 통해 길러지는 것이다.

무엇을, 어떻게, 얼마나 잘 배웠는가?

성찰은 학생이 자기 성장을 위한 목표와 주제, 그 구체적인 활동이 무엇이었고 그것을 어떻게 실행해왔는지, 즉 무엇을 어떻게 얼마나 잘 배웠는지를 다시 되돌아보게 하는 것이다. 이 과정에서 학생은 자신의 배움 수준과 상황을 점검하고 앞으로 어떤 배움을 주도해가야 할지를 자연스럽게 계획하게 된다.

하지만 초등학생이 자기배움에 대해 얼마나 진지하고 의미 있게 성찰할 수 있을까? 다음 학생의 실제 성찰 기록을 보자. 어떻게 성찰하면 될지에 대해서 교사가 학생에게 안내한 첫 번째 문구는 다음과 같다.

지금까지 여러분이 스스로 계획하고 실천해온 활동이 어떠했는지 소감을 적어봅시다.

이에 따라 학생은 다음과 같이 성찰 기록을 남겼다. 억지로 성찰을 해야만 하는 상황을 마주한 학생이 나름 애써서 기록해주었다는 사실에 고마울 뿐이다.

내 부족한 역량 의사소통도 편에 키울수 있었던 것 같다.
해보지 않은 인터뷰 계획서, 인터뷰 하기 부스운영등을 해서 좋았다.
아쉬웠던 점은 매번 할 때마다 의견이 안맞아서 싸울 일이 많았다
그래서 잘 안돌아 갔던 적이 아쉽다 그때 열심히 하고 노력했으면
부스를 운영한다고 재미있게 사람이 더 많이 올수있었는데
그렇게 하지않아서 너무 아쉽다.
앞으로 더 해보고 싶은것은 인터뷰이다.
왜냐하면 인터뷰를 하면 내가 그 사람에 대한 궁금한 점을 모두
해결 할수있게 떠올랐기 때문이다 그래서 유명한 사람에게 인터뷰를 해보고싶다.

| 활동의 전반적인 소감을 남기도록 안내한 성찰 기록의 실제 예시 |

어떻게 성찰하면 될지에 대해서 교사가 학생에게 안내한 두 번째 문구는 다음과 같다.

자기배움 생성활동의 시작, 과정, 결과 등을 되돌아보고 좋았던 점, 아쉬운 점, 앞으로 더 해보고 싶은 점 등 자기 생각이나 느낌을 자세하게 적어주세요.

이에 따라 학생은 차시별로 정리해두었던 온라인 포트폴리오 일지를 보면서 몇 월 며칠에 어떤 활동을 어떻게 했는지에 대해서 낱낱이

쓴 후 마지막에 간단한 소감을 남겼다. 단순히 어떤 활동을 했는지를 짚어보기만 한 건 아닌가 하는 아쉬움이 남는 성찰 기록이었다.

5월 9일 우리는 중점역량을 창의적 사고 역량으로 정하여 권O욱, 김O혁, 이O채, 장OO으로 모둠을 짰다. 우리는 깊게 고민한 끝에 모둠의 활동 주제를 "더 편리하게 바꿔보자! 생활용품"으로 정했다. 그리고 우리는 불편한 물건을 더 편리하게 바꿔보는 활동을 계획하였다. 우리가 맨 처음으로 한 활동은 6월 20일 활동 백지를 만드는 것이었다. 백지에는 여러 가지 생활용품들과 귀여운 캐릭터 그리고 우리의 활동 주제 타이틀 등을 적었다. 우리의 두번째 활동은 여름 기에 활동한 불편한 생활 용품 두 가지를 그리는 것이다. 우리는 불편한 생활용품 두 가지를 우산과 안경으로 정했다. 그리고 10월 24일에 우산의 불편한 점을 찾았는데 고침 점은 우산이 머리면 가려주어서 옷에 빗방울이 묻을 수가 있다. 이다. 그리고 10월 28일에는 우산에 설계도를 그려보고 우산을 어떻게 고칠지 생각해보았다. 우산에 고칠 우산에 묻은 철 성질의 스프레이, 누르면 우산이 자동으로 펼쳐지는 누름까, 우리가 우산을 잡는 손잡이, 살, 고리, 캐노피 등이 있다. 우리는 우산에 방수비닐 달아 빗방울이 옷에 튀지 않게 하는 것을 계획하였다. 11월 16~18일에 우리는 우산을 만드는 작업을 하였다. 우리는 일단 우산에 양면 테이프를 붙이고 그 다음 방수 비닐 붙이는 작업을 이어서 하며 우산이 완성 되었다. 그 다음 우리는 11월 30일에 있을 체험관에서 발명을 대비하여 홍보판, 소감판, 활동 내용, 일지, 보고서 등을 만들었다. 11월 28일에는 선생님께 리허설도 하였고 PPT 발표 받으며 준비하였다. 11월 30일에 본격적으로 발명한 것들에게 활동 설명하며 생성활동을 마무리하였다. 처음에 이 활동이 마음 흥미가 없었는데 점점 활동이 재미 어지면서 흥미를 느꼈다. 우리가 직접 해보고 만든 활동을 하며 좋았고 우리의 설명이 조금 부족했던 거 같아 아쉽다. 다음에 한다면 재미같은 더 좋은 기운 활동을 하고 싶다.

| 생성활동의 시작, 과정, 결과를 되돌아보게 안내한 성찰 기록의 실제 예시 |

교사는 학생이 더 깊이 있게 성찰할 수 있도록 다음과 같은 내용을 안내하고 지원해주어야 한다.

성찰 내용(예시)
✅ 자기탐구활동에 따라 자신에게 의미 있는 배움 주제와 목표를 설정했는가?
✅ 목표 성취를 위한 구체적인 활동을 잘 계획했는가?
✅ 활동에 적극적으로 참여하거나 주도했는가?
✅ 무엇을 더 알게 되었는가?
✅ 무엇을 더 할 수 있게 되었는가?
✅ 달라진 생각이나 태도는 무엇인가?
✅ 활동 결과를 다른 사람에게 효과적으로 소개하고 발표했는가?
✅ 더 배우고 싶거나 다시 배우고 싶은 것은 무엇인가?

이와 같이 무엇을 어떻게 얼마나 잘 배웠는지에 대해 성찰해보도록 구체적으로 안내한 결과, 학생들은 다음과 같이 좀 더 깊이 있게 성찰할 수 있었다.

룰을 다시 만들어서 피구를 해서 새로운 피구방법을 알게됐다.	새로운 규칙을 만들고 적용해 기존의 피구와 다른 피구를 개발할 수 있었다.
1.오일파스텔로 하늘을 표현하면 자연스러운 하늘을 표현할 수 있다는 것을 알았다. (그림그리는 아이들 팀) 2. 박스로 이렇게 예쁜 음식모형을 만들수 있다는 건 몰랐다. (박스팀) 3. 해보지 못한 실험이라 +다-를 뭔 몰랐는데 +다-가 무엇인지 알게 되었다.	오일 파스텔은 일반 파스텔보다 훨씬 더 자연스럽고 부드럽게 하늘을 표현해낼 수 있었다.
물고기사료는 곰팡이가 생긴다는것과 소드데일이라는 물고기를 알았다	동물 먹이도 유통기한이 있다. '소드테일'이라는 물고기가 있다는 것을 알았다.
물고기한테 꼭 여과기가 필요 없다는 걸 알았다	물고기를 기르는 데 반드시 물 여과기가 필요하지는 않다는 것을 알았다.
박스를 만든 세상: 박스로 만들수있는게이 별로없을 줄알았는데 만들수있는 게이 많은 것을 알게 되었다 그림을 그리는 아이들: 예시 그림을 따라 크레파스로 그려 섬세하게 안나올줄 알았는데 자세히 나온 게이 알게 되었다	버려진 박스로 더 새로운 것을 만들 수 있고 오일 파스텔은 섬세한 표현을 가능하게 한다는 것을 알았다.

| 무엇을 얼마나 잘 배웠는지에 대한 성찰 기록 일부 |

또 더 배우고 싶거나 다시 배우고 싶은 것은 무엇인지를 생각해보도록 한 결과, 학생들은 다음과 같이 성찰 기록을 남겼다.

테슬라 코일 실험을 하고 전기 분해
실험을 해 무언길 배우고 싶다.
그리고 초전도체를 통해 마이스너
효과를 확인 하고 싶다. 그리고 초전도
체를 자세히게 알고 싶다.

전기의 원리를 실험을 통해 탐구하고 이해해 세상을 더 도울 수 있는 방법을 찾고자 했던 학생은 테슬라 코일 실험을 더 해보고 싶다고 했다. 이후 바람과 관심은 행동으로 이어졌다. 팀원들과 자발적으로 테슬라 코일 실험을 진행했다.

| 더 배우고 싶거나 다시 배우고 싶은 것이 무엇인지에 대한 성찰 기록의 실제 예시 |

학생 수준 교육과정으로서 자기배움 생성활동의 교육적 효과는 이러한 성찰의 과정이 어떻게 이루어지느냐에 따라 크게 달라질 수 있다. 깊이 있는 성찰이 이루어지지 못할 경우, 학생 수준 교육과정은 배움이 일어나지 않은, 단순히 활동 자체만으로 끝나버릴 수 있기 때문이다.

PART 02

학생 **주도권**

WHY
: 왜 학생 주도권인가?

교수자와 학습자의 역할 변화

4차 산업혁명으로 대두되는 미래 사회, 특히 '미래'라고 하면 대개 실감 나지 않는 시간, 오려면 한참 먼 때라고 생각될 테지만, 알고 보면 하룻밤 자고 난 내일도 미래다. 2025년, 하늘을 나는 드론 택시를 수도권에서 시범 운영한다는 뉴스 보도를 보면 기술 혁신으로 빠르게 변하는 사회를 실감할 수 있다. 지금의 초등학생이 성인으로 살아갈 앞날이 어떤 모습일지 가늠조차 안 된다. 교사가 이러한 학생을 어떻게 마주해야 할지 분명 고민해봐야 할 시점이다. 혁명적으로 변하고 있는 사회 분위기 속에서 교육계에게도 혁신의 바람이 거세게 불고 있다. 시·공간을 초월해 원하는 정보나 지식을 쉽게 습득할 수 있는 지금, 더 이상 학교 교육은 지식 전달 중심이 아니어야 한다는 공감대를 형성하면서 특히 교수자와 학습자의 역할이 크게 변하고 있다.

95

교수자	기존에는 **정보 전달자** → 앞으로는 **촉진자**
학습자	기존에는 **지식 소비자** → 앞으로는 **지식 구성자**

| 미래 교육을 위한 교수자와 학습자의 역할 변화 |

교수자는 더 이상 지식이나 정보에 대한 전달자가 아니라 학습자로 하여금 지식과 정보를 주체적으로 습득하고, 의미 있는 배움을 일으키도록 돕는 촉진자여야 하며, 더불어 학습자는 교수자가 전달하는 지식을 단순 소비하는 것이 아니라 자기 삶의 다양한 맥락에서 주체적으로 구성해가야 한다. 이것이 주도권 보장의 이유다.

그렇다면 우리 사회는 왜, 교수자와 학습자의 역할이 이와 같이 변하기를 기대하고, 우리는 또 거기에 맞춰 연구와 실천을 하고 있는 것일까? 그 답은 바로 인공지능이다. 미래 사회를 주도하는 첨단 과학으로서 인공지능은 벌써 우리 사회 전반과 교육계를 쥐락펴락하고 있다. 인공지능이 인류를 지배할 위험성을 알리며 그에 대한 철저한 대응과 준비가 필요함을 인식시키는, 초등학교 교과서에 수록된 글도 어렵지 않게 찾을 수 있다.

인공지능이 잘할 수 있는 것과 잘하지 못하는 것을 알면 미래 사회에서 필요로 하는 사람은 어떤 사람일지 가늠할 수 있다. 2000년 초반까지의 교육은 3R, 즉 읽기(Reading), 쓰기(wRiting), 셈하기(aRithmetic)를 강조해왔다. 하지만 더 이상 이것만으로는 미래 사회의 인재를 양성하기 어렵다는 판단과 함께 도입된 것이 바로 4C 역량, 최근에는 1가지를 더 추가한 5C 역량이다.

창의 (Creativity)	지식을 응용하고 종합해 독창적이고도 유용한 아이디어를 생성할 수 있는 역량
협동 (Collaboration)	타인에 대한 존중과 신뢰를 바탕으로 소통하고 타협하면서 공동의 목표 달성을 위해 노력하는 역량
비판적 사고 (Critical Thinking)	의사결정을 위해 근거나 정보에 대해 체계적이고 분석적으로 사고하는 능력, 합리적으로 추론하는 능력을 포함하는 역량
의사소통 (Communication)	소통 목적에 맞게 언어적, 비언어적 도구를 사용해 효과적으로 표현하고 소통하며, 타인의 의도를 정확히 이해하는 역량
컴퓨팅 사고력 (Computational Thinking)	일상생활의 문제를 분해-패턴인식-자동화-알고리즘-추상화 단계를 거쳐 단순화하고 논리적, 효율적으로 해결하는 역량

| 미래 교육을 위한 5C 역량 |

5C 역량이 강조하는 것은 교수자가 학습자에게 전통적 교과 지식의 획일적인 전달, 주입이 아니라 학습자가 타인과 협동하고 비판적으로 사고하는 동시에 협력적으로 의사소통하며 4차 산업혁명 시대가 제공하는 무한한 정보와 기술 등을 창의적으로 활용 또는 생성해 주어진 문제를 해결할 수 있는 컴퓨팅 사고력을 키워주어야 한다는 것이다.

유발 노아 하라리(Yuval Noah Harari)는 그의 저서 《21세기를 위한 21가지 제언》에서 15세 소년들에게 해줄 수 있는 가장 좋은 조언으로

"어른들에게 너무 의존하지 말라"라고 말한 바 있다. 과거에는 세상을 잘 아는 어른들의 말을 잘 따르는 것이 비교적 안전했지만 지금은 변화 속도가 너무 빨라서 어른들의 말은 이미 시간을 초월한 쓸모없는 지혜가 되기 때문이라고 말이다.

미래를 잘 살도록 하기 위해서는 학생들에게 순응력, 암기력을 강조할 것이 아니라, 능동적이고 주체적으로 자기 삶의 문제를 해결해 갈 수 있는 힘을 키워주어야 한다. 문제 해결을 위해서 필요한 정보가 무엇인지, 또 믿을 만한 것인지에 대해 분석, 종합하고 활용할 수 있도록 말이다.

철저하게 설계한 교수·학습 계획이 주는 오해

세계적인 교육혁신가이자 미래학자로서 명성을 가진 마크 프렌스키(Marc Prensky)는 최근 그의 저서 《세상에 없던 아이들이 온다》에서 지금의 청소년들을 20세기에나 통했던 방식으로 가르치는 것은 시간과 돈을 낭비하는 일이라고 말하며 미래 교육을 위한 새로운 패러다임을 제시하고 있다. 학생을 어떠한 방향 결정의 주도자로 내세우라는 것이다.

누가 봐도 체계적으로 잘 짜인 교수 학습 과정이지만, 수업에 흥미를 잃고 꾸벅꾸벅 졸거나, 멍한 표정으로 집중하지 못하며 그저 자리만 채우고 앉아 있는 학생들로 묘사되는 교실 수업 장면을 종종 보게 된다. 지루하게 앉아 있는 학생들은 수업이 뭔가 잘못됐다고 알려주고 있는 것은 아닐까? 오히려 교사가 너무 철저하게 준비하고 교사 자기만의 방식으로 수업을 진행하고 있다고 말이다.

제임스 댄커트(James Danckert)는 그의 저서 《지루함이 주는 심리학》에서 지루함이라는 감정은 누군가에게 절대 해가 되는 것이 아니며, 우리는 그 지루함이 주는 경고에 주의를 기울여야 한다고 말한다. 지루함은 할 일이 없어서 혹은 참여 의욕이 부족해서 일어난 감정이 아니다. 오히려 그 반대다. 지루해하는 아이들은 세상에 할 일이 많다는 사실을 알고 있고 자신을 만족시켜줄 뭔가를 분명하게 원하고 있다. 자신이 무엇을 어떻게 배우고, 또 자기 삶을 어떻게 변화시키고, 성장시킬 것인지를 학생 스스로 주도할 수 있게 해보자.

너무 열심히 자기만의 방식으로 가르치려고 한 교사의 열정은 오히려 학생들을 배움으로 이끌지 못한다. 교사가 가르치려 하지 않을 때 학생들은 오히려 더 잘 배운다는 것을 명심하자. 교사의 입장에서 중요한 내용을 교사의 방식으로 가르치니 학생들은 관심도 없고 흥미도 생기지 않을 뿐더러 배움의 몰입은 생각할 수도 없는 수업이 만들어지는 것이다. 삶과 유리된 배움을 교사 주도의 수업으로 끌어가지 말아야 한다.

학생들 스스로 뭔가를 선택하고 주도할 수 있게 하는 경험은 학습에서 매우 중요하고, 이는 이미 오래전부터 강조되어왔다. 하지만 학교 교육의 변화가 매우 더딘 상황에서 우리는 학생들에게 주도권을 보장해주어야 한다는 것에 좀 더 크게 소리내는 바이다.

2015년 1월 방영된 EBS <다큐 프라임>에서 진행한 연구 사례를 덧붙인다.

4과목의 80문제를 가지고 한 그룹의 아이들에게는 한 시간 동안 꼼짝 말고 앉아서 무조건 다 풀어야 한다고 지시하고, 다른 그룹의 아이들에게는 풀고 싶은 과목을 선택해 원하는 만큼 풀라고 말했다. 강압적인 방식으로 책상 앞에 앉은 아이들은 대부분 집중력이 20분 정도 유지됐던 반면, 스스로 결정하고 자율적인 방식으로 문제를 풀기 시작한 아이들은 30분 넘는 집중력을 보였다. 놀라운 것은 스스로 결정하고 공부한 아이들은 처음 풀겠다고 한 문제 수보다 모두 더 많은 문제를 풀었는데, 한 명을 제외하고는 80문제를 모두 스스로 풀었다는 것이다. 스스로 문제를 푼 아이들은 문제의 내용도 대부분 기억하고 있었다. 하지만 억지로 80문제를 푼 아이들은 문제의 내용을 거의 기억하지 못했고, 점수도 스스로 선택하고 결정할 권리를 인정받은 아이들보다 훨씬 낮았다.

WHAT
: 학생 주도권이란 무엇인가?

주체적으로 사고하고 행동하며
성찰할 수 있는 기회를 충분히 주어라

국가와 세계는 변동성(Volatility), 불확실성(Uncertainty), 복잡성(Complexity), 모호성(Ambiguity)으로 특징되는 미래 사회를 잘 살기 위해서는 주체적인 사고와 행동, 성찰이 중요하다고 강조하고 있다. 이에 따라 학교 교육도 학생의 주체적 역량을 키우도록 그 목표와 방향을 설정해가고 있다.

마가렛 본(Margaret Vaughn)은 그의 저서 《학생 주도성》에서 학생이 아이디어와 지향을 가지고 학습 맥락에서 영향력을 발휘하며 행동을 취할 수 있는 능력으로서 주도성을 중요하게 다루었다.

최근 국제 공인 교육과정 IB(International Baccalaureate)가 크게 주목받는 이유도 IB 교육과정의 지향이 학생들의 주체적 힘을 강조하고 있

101

기 때문이다. 그중 초등학교 과정(PYP)은 학생들의 전인적 성장 및 자신과 타인의 존중을 추구하며 6개의 초학문적 주제를 프로젝트 수업으로 구성하고 있는데 특히 학생들의 실제 삶 속의 문제해결을 위한 질문(Inquiry)-행동(Action)-성찰(Reflection)의 탐구 과정을 중요시한다.

PYP 주제	우리는 누구인가	우리가 속한 시간과 공간	우리 자신을 표현하는 방법	세계가 돌아가는 방식	우리 자신을 조직하는 방식	우리가 사는 지구

| IB의 초등 교육과정(PYP)의 초학문적 주제 |

이것은 IB가 학생이 단순히 지식을 습득하는 것이 아니라 탐구하는 방법의 학습을 통해 복잡한 세상을 이해할 수 있는 '지식의 전이'를 중요하게 여기기 때문이다. '지식의 전이'를 경험한 학생의 지적 호기심은 다음 학습을 주도적으로 계획하고 실행할 수 있게 된다.

교사만을 바라보고 지식 주입에 집중하는 학생들의 모습은 이제 더 이상 교실에서 쉽게 볼 수 있는 장면이 아니어야 할 것이다. 빠르게 변하는 사회 속에서 교사가 무엇인가를 지식화해 학생들에게 전달하는 것이 불가능한 시대라고 앞서 강조한 바 있다. 이제 학교 교육은 학생이 자기 삶과 연계해 필요한 지식을 탐색하고 재구성하며 새로운 가치를 생성할 줄 아는 데 초점을 맞추어야 할 것이다. 다시 말해, 학교 교육은 학생들이 주체적으로 사고하고 행동하며, 그에 대해 성찰할 수 있는 경험을 절대 보장해주어야 한다. 이것은 학생들에게 주도권을 부여하는 데서부터 가능하다.

학생 주도권이란 학급 내 모든 상황에서 주체적으로 사고, 행동, 성찰하며 적극적으로 참여할 수 있는 권리를 말한다. 학생은 교사가 허용하는 범위 안에서 적당히 처신하는 것이 아니라, 학급의 능동적 주체로서 주도권을 행사할 수 있어야 한다.

> **학생 주도권** : 주체적으로 사고하고 행동하며 그 결과에 대해 성찰 할 수 있는 기회로서 학급의 다양한 상황에 적극적으로 참여할 수 있는 권리

인간은 끊임없이 학습하며 완성되는 존재이고, 삶과 배움은 절대 분리되지 않는다. 삶 자체가 배움이고 배움이 곧 삶이다. 초등학생의 대부분 삶은 학교, 즉 학급에서 주로 이루어진다. 학급이라는 작은 사회 속에 머무는 모든 시간, 그 삶 자체가 곧 학습이 된다는 것을 기억하자.

사회의 사전적 정의를 살펴보면 '같은 무리끼리 이루어지는 집단'이다. 학급이라는 작은 사회 속에서 학생 각자의 주도권 행사는 서로 충돌하고 갈등을 일으킬 수밖에 없다. 그래서 학생 각자의 주도권은 타인과의 상호작용과 타협을 필요로 한다. 미래의 행복한 자기 삶을 주도하기 위해서는 자신이 속한 사회에 의견을 내고, 조율하고, 추진, 반성하는 연습이 필요하다는 뜻이다.

일본은 능동적 학습을 강조한다. 능동적 학습이란 문부과학성(일본의 중앙청의 하나로서 한국의 교육부에 해당)이 추진하는 학습 방법으로 학습자가 독립적으로 학습하는 방법을 의미한다. 능동적 학습은 말 그대로 수동적인 상태가 아닌 능동적으로 학습할 수 있도록 설계된 교수 및 학습 방법인데 구체적인 예로는 그룹 활동 및 토론 등이 있다. 이러한 능동적 학습의 목표는 학습자의 인지적, 윤리적, 사회적, 문화적, 지식 및 경험 능력에 대한 개발이라 할 수 있다.

프랑스는 학습자의 자율성이 인간으로서 발달의 필수이며, 이는 교육을 통해 형성된다고 강조한다. 따라서 학습자들에게 자신의 능력을 실제로 발휘하고, 분석하게 하며, 선택을 통해 책임감과 주도권을 잡게 하는 다양한 프로그램을 개발·운영하고 있다. 최근에는 온라인·원격 교육을 적극적으로 활용하며, 교육부-교육청-학교-학습자뿐만 아니라 미디어, 공공기관 등이 협업하고 있다.

캐나다는 학습자가 자신의 삶과 학습을 주도적으로 설계하고 구성하는 능력, 자신을 둘러싼 환경과 타인과의 상호작용을 강조한다. 더 나아가 학습자가 학부모, 또래, 교사, 지역 사회에 상호 영향을 줄 수 있는 공동 주도성 또는 협력적 주도성을 향상하기 위한 교육을 지향한다.

영국의 <우리의 미래 : 창의성, 문화 그리고 교육(All our Futures: Creativity, Culture and Education)> 보고서에 따르면 영국의 국가전략은 창의성과 문화 교육을 발전시키는 것으로 누구에게나 잠재하는 창의성을 함양하는 교육을 강조한다. 창의성을 계발하기 위한 교육방식을 추구하다 보니 토론, 협동작업, 실험 실습 등 학습자 주도의 교육이 이루어진다. 일상과 관련된 주제 중심으로 다양한 자원을 활용해 학생들의 참여와 흥미를 끌어내며 사고력을 촉진하는 활동 위주의 교육을 중시한다.

HOW
: 학생 주도권이 보장되는 교실

학생 주도권이 보장되는 교실은 고정되고 경직되는 것을 지양한다. 모든 것은 유동적이다. 때로는 방향이 어디로 어떻게 바뀔지 몰라서 불확실하고 즉흥적이며, 그래서 매우 역동적이기도 하다. 마치 우리가 맞이하는 미래 사회처럼 말이다.

교사가 미리 마련한 방향과 틀을 학생들에게 먼저 안내하고, 학생들은 거기에 따라 단순히 따르고 맞춰가는 것이 아니라, 모든 것은 교사와 학생이 함께, 같이 만들어가는 것이다. 때로는 학생 스스로 만들어가기도 한다.

더디고 혼란스러운 교실 상황을 위기로만 여기지 말고, 그래서 통제로서 저지하지 말고 긍정적으로 마주해보자. 적절한 질문으로 이해와 통찰을 돕고 반성과 성찰을 안내하는 조력자, 공감적 이해와 수용적 태도로 학생의 감정과 사고의 자유스러움을 허용하고 깊이 있는 배움을 유도하는 촉진자가 되어보자.

데일 카네기(Dale Harbison Carnagey)는 그의 저서 《인간관계론》에서 인간은 누구나 자신을 드러내도 괜찮다는 사실을 깨닫고 자신을 지지하는 존재가 곁에 있다는 것을 깨닫는 순간부터 스스로 나아갈수 있는 힘을 얻게 된다고 말했다.

전통적 교실에서의 학생은 순응자, 수용자였다면 학생 주도권이 보장되는 교실에서의 학생은 교사와 함께 학급 비전을 수립하고 수업의 방향을 결정하며 문제 상황을 해결하는 주체자가 된다.

구분	전통적 교실		학생 주도권이 보장되는 교실	
	교사	학생	교사	학생
비전 수립	수립자	수용자	조력자 / 촉진자	주체자
의사 결정	지시자	순응자	조력자 / 촉진자	주체자
수업 방향	설계자	수용자	조력자 / 촉진자	주체자
갈등 상황	해결자 결정자	수용자	조력자 / 촉진자	주체자

단순히 제지하고 금지함으로써 교실 상황을 지휘하고 감독하는 것은 교사와 학생의 신변 보호나 안전사고 예방이 불가피한 상황을 필

107

요로 한다. 학생이 자기 신뢰를 바탕으로 주체적으로 사고, 행동, 성찰하며 적극적으로 표현할 수 있도록 학급 내 주도권을 적극 보장해주자. 단, 모든 선택과 결정을 학생에게 오롯이 맡기는 것으로만 학생 주도권 보장을 이해해서는 안 된다. 스스로의 선택과 결정에 따른 성찰이 반드시 따라야 한다. 성찰 없는 주체적 사고와 행동은 이기심에 불과하다. 더 나은 사고와 행동은 성찰에서부터 비롯되는 것이다.

그럼, 지금부터 학생이 주체적으로 사고하고 행동하며 성찰할 수 있는 기회를 교실에서 적극 지원함으로써 학생의 주도권을 보장하려는 교실 이야기를 들여다보자.

지시하지 말고 안내하기

"손씻고 오세요" 말고 "12시 50분이에요"

교실 곳곳 게시판과 벽면 등 아이들이 잘 볼 수 있는 곳에 주간학습 안내와 시정표를 붙였다. 책꽂이에는 학급 문고, 도화지, 색지, 모둠 활동 준비물 등을 가지런히 정리해두었다. 칠판에는 환영한다는 문구를 적었다. 새 학년 첫날이었다.

"여러분이 올 한 해 동안 생활할 교실이에요. 곳곳을 둘러보고 다시 자리에 앉아주세요."

1분 만에 다시 자리로 돌아오는 아이, 시정표를 한참 들여다보는 아이, 자기 출석 번호가 적힌 사물함을 열어보는 아이, 학급 문고 한 권을 골라서 훑어보는 아이 등 저마다의 욕구대로 움직이고 있었다. 10여분 만에 다시 자리로 돌아와 앉는 아이들에게 물었다.

"무엇을 보았고, 어떤 생각을 했나요?"

"교실이 좀 좁아요!"

한 아이가 거침없이 솔직한 발언을 하는 순간, 나는 오른손 검지를 입에 대며 '쉿'이라는 무언의 신호와 뒤이어 왼손을 들어보였다. 교실 뒤편에 앉은 한 아이가 조용히 왼손을 들었다. 나는 고개를 끄덕이며 발언권을 주었다.

"점심시간이 4학년 때랑 달라요."

반 아이들 모두가 다시 시정표를 보더니 그제야 한 시간가량 늦어진 점심시간을 확인하고 "아~" 했다.

굳이 교사가 자세하게 먼저 읊어주고 소개하지 않아도 아이들은 스스로 교실 곳곳을 탐색하고 이해할 수 있었다. 이렇게 아이들이 주체적으로 교실 공간, 친구, 선생님을 파악하고 이해해갈 수 있도록 하는 것이 필요하다.

"12시 50분이에요."

아이들 모두 교실 벽시계를 쳐다보고 뒤이어 다시 나를 본다. 선생님이 이어서 어떤 말씀을 하시는지 기다리는 눈치였다. 그런 아이들에게 나는 어깨를 한 번 들썩였다.

"선생님, 우리 뭐해요?"

아무런 말을 해주지 않는 선생님이 이상하고 답답하다는 듯, 한 아이가 물었다.

"뭘 하면 좋을까요?"

내가 다시 물었다.

"손 씻어요!"

"줄 서요!"

아이들이 대답했다.

'그래, 역시 너희들은 이미 잘 알고 있구나'라는 뜻으로 웃어주었더니 아이들이 일제히 움직이며 손을 씻고 와서 줄을 섰다. 줄을 어떻게 서야 할지 또 한 번 아이들끼리 시끌벅적하더니, 마침 출석 번호대로 섰다. 이전까지 경험해온 학교 생활에서 익힌 나름의 편리한 규칙이었을 것이다.

점심시간이니까 손 씻고 오라고 직접적으로 지시하고 안내하기 보다 점심시간을 맞이하는 준비와 태도가 무엇인지를 아이들 스스로 구성해갈 수 있도록 해보자. 때로는 그 과정이 매우 혼란스럽고 어려울 수 있다. 하지만 분명한 것은 아이들이 경험하는 혼란스러운 문제 상황은 분명 아이들의 다양한 시도와 노력, 생각을 필요로 한다. 이것이 주체적 사고와 행동이다. 이에 대한 결과가 비록 더 큰 문제 상황을 가져올 수도 있지만 이것은 아이들에게 진정한 성찰의 기회가 될 수 있다. "나는 실패를 한 것이 아니라, 2,000번의 단계를 거쳐 전구를 발명했을 뿐이다"라는 에디슨(Thomas Edison)의 말처럼 아이들이 성장할 수 있는 경험은 다양한 시도와 실패 속에서 얻을 수 있다.

아이들의 욕구에 공감하기

Ep. 2

"우유 먹기 싫어요"

"오늘은 또 누가 안 먹은 거야?!"

짜증과 화가 섞인 선호의 목소리였다. 선호는 이번 달의 우유 당번이었다. 친구들의 우유 급식을 안내하고 빈 우유갑을 상자에 모아서 다시 수거함에 갖다 정리하면 마무리되는 역할이었다.

"선생님, 오늘은 10명이나 우유를 안 먹었어요! 휴, 맨날 누가 안 먹었는지 찾아서 먹으라고 말하는 게 너무 힘들어요!"

"야, 다음 주면 1인 1역할을 다시 바꾸니까 좀 참아."

"지금까지 참았다고! 맨날 최소 5명은 내가 찾아내야 우유를 먹는다고!"

옆에 있던 소윤이가 선호의 화를 누그러뜨리려 노력했지만, 오히려 화를 돋우는 셈이 되었다.

선호는 3주 동안 친구들이 우유를 먹었는지 안 먹었는지 일일이 확인해오고 있었다. 아마도 지난달 우유 당번을 맡았던 아이도 마찬가지였을 것이다.

"지난달 우유 당번은 누구였나요?"

서현이가 조용히 손을 든다.

"서현이는 지난달에 우유 당번을 하면서 힘들었던 적이 없었나요?"

조용히 고개만 두어 번 끄덕이는 서현이를 보고 괜히 미안했다. 힘들어도 말 못 하고 한 달을 묵묵히 버텼다고 생각하니 말이다. 이어서 서현이에게 왜 힘들다고 말을 안 했느냐고 물어보고 싶었지만, 서현이의 행동을 다그치는 셈이 될 것 같아 그만두었다. 아이들이 모두 서현이에게 집중하고 있는 상황이라 부끄러움 많은 서현이를 더 곤욕스럽게 할 것 같았다.

"서현이와 선호가 지난달과 이번 달에 우유 당번을 하느라 고생이 많았군요. 선생님이 여러분의 어려움을 모르고 있었어요. 여러분으로서는 자기 할 일을 묵묵히 책임진다는 생각으로 참고 있었는지도 모르겠네요. 하지만 굳이 겪지 않아도 될 어려움이라고 생각된다면 우리 반 모두가 알고 함께 해결할 수 있도록 말해주어야 해요."

반 아이들 몇몇이 같이 고개를 끄덕였다.

우유갑에 자기 출석 번호를 써서 우유 상자에 넣고, 우유 당번은 하교 전에 우유 상자의 우유갑을 일일이 다시 보면서 누구 번호가 빠져 있는지, 그리고 빨리 우유를 마시라고 재촉해야 했다. 그 과정에서 우유 당번은 그 친구에게 짜증 섞인 말투가 자연스럽게 나왔을 것이고 또 우유를 안 마시고 있던 친구 역시, 기분 좋은 상황은 아니었을 것이다.

"여러분, 우유를 제때 마시지 않는 이유가 주로 무엇인가요?"

수업 시간을 너무 할애할 수 없을 것 같아 문제의 근본이 되는 질문을 내가 먼저 했다.

"자꾸 잊어버려요!"

"먹고 싶을 때 먹으려고요."

"여러분, 우유가 먹고 싶다고 생각이 드는 때가 주로 언제인가요?"

"간식 먹을 때요!"

"집에서 자기 전에 따뜻한 우유가 먹고 싶기도 해요!"

그렇다. 아이들은 학교에서의 우유 급식을 썩 좋아하지 않는다. 내 학창 시절 우유 급식 역시 그랬다. 뭔가 함께 곁들여 먹을 수 있는 빵, 케이크, 쿠키 등이 있다면 더 없이 맛있는 우유인데, 학교에서는 오롯이 우유 단품 급식이니 맛있게 먹을 수 없는 것도 사실이다.

"전 우유를 좋아하지 않는데, 부모님이 그냥 신청하셨어요. 그래서 먹기가 싫어요."

공감하는 아이들이 고개를 끄덕였다. 부모님 뜻으로 우유 급식을 신청했지만, 학교에서 우유 먹기가 싫은 사람은 부모님과 의논해 다음 달 우유 급식을 취소할 수 있도록 했다. 그 결과, 6명의 아이가 우유 급식을 취소할 수 있었고 지금은 남는 우유가 한두 개 여전히 있긴 하지만 예전보다 많이 줄었다.

아이들의 욕구를 공감해주고 적절하게 수용해주면 해결할 수 있는 교실 문제가 제법 많다. 이게 교사와 학생 간의 상호 신뢰 관계인 '라포(Rapport)' 형성이다. 학생들에게 다시 선택하고 결정할 수 있는 기회로서 주도권을 보장해준다면 교사와 학생 간의 유대와 신뢰는 물론 훨씬 더 긍정적인 교실 문화를 만들 수 있을 것이다.

엉뚱함을 사고의 확장 기회로 만들기

Ep. 3

"천장에 붙여요!"

"아, 망했어!"

평면 지도에서 산의 높이를 나타내는 등고선에 대해서 배우고, 교과용 도서에 수록된 자료를 활용해 등고선 입체 모형을 만드는 데 한참 집중하던 승재가 볼멘소리를 한다.

"왜?"

"등고선 다리 한쪽이 찢어졌어."

"에이, 나도 다 찢어졌었어. 테이프로 붙이면 돼."

별일 아니라는 듯 옆에 앉은 현지가 팁을 준다.

"선생님! 이거 잘 안 돼요."

투명 테이프를 덕지덕지 붙인 채 더이상은 못하겠다고 의자에 축 늘어진 현철이었다.

"야, 줘봐. 내가 해줄게."

만들기를 끝낸 예성이가 지현이의 것을 가지고 갔다.

그렇게 서로 도와가며 등고선 입체 모형 만들기를 끝냈다. 완성된 모형을 보며, 이번 수업의 핵심 개념을 다시 짚어보도록 했다.

"선생님, 제 눈에서 가까울수록 색깔이 더 진하네요?"

115

"그렇죠, 여러분이 산을 내려다볼 때 눈에서 가까울수록 색이 더 진하죠?"

"높이가 높을수록 색깔이 진한 거잖아요."

등고선 입체 모형을 통해서 산의 높이에 따라 색깔이 어떻게 달라지는지를 직관적으로 확인한 아이들은 등고선의 개념을 명확하게 이해했다.

"선생님, 이거 버려도 돼요?"

수업을 마무리하려는데, 수찬이가 물었다. 조금 전 만든 등고선 입체 모형을 어떻게 해야 하는지 모르겠다는 표정과 함께. 같이 듣고 있던 아이들은 교실을 쓱 훑어본다. 당연히 교실 어딘가에 게시해야 하지 않을까 하고 말이다.

활동 결과물을 게시할 때는 다음 사항을 고려해야 한다.

1. 게시가 필요한가?
2. 게시가 필요하다면 어떤 공간이 가장 최적의 장소일까?
3. 얼마 동안 게시할 것인가?

아이들과 이어진 대화로 평면 지도에 대해서 다 배울 때까지 등고선 입체 모형을 게시해두기로 했다. 그런데 게시할 공간이 부족했다.

"선생님, 어디에 게시할지는 '좋아, 싫어' 놀이로 결정해요!"

'좋아, 싫어' 놀이 방법

1. 한 사람이 의견을 제시한다.
2. 다 같이 "좋아!"라고 외치면 앞서 제시된 의견의 좋은 점에 대해서 한 사람이 말한다. 아무도 좋은 점을 말하지 않을 때까지 이어간다.
3. 다 같이 "싫어!"라고 외치면 앞의 '좋아'와 같은 방법으로 이어간다.

"사물함 위에 두자."

[좋아] "올려두기 편해."

[싫어] "바닥에 떨어지기 쉽고 다 망가질 거야." / "더 이상 공간이 없어."

"각자 책상 위에 두자."

[좋아] "가깝게 볼 수 있으니까 좋아."

[싫어] "책상 위가 너무 좁아." / "자꾸 만져서 금방 망가져."

"칠판 위 태극기 아래에 두자."

[좋아] "높은 데 올려져 있으니까 안 망가지겠다."

[싫어] "잘 안 보이잖아."

"천장에 붙이자!"

등고선 입체 모형을 천장에 붙이자는 말에 모두가 크게 웃었다.

117

[좋아] "안 망가지고 잘 보여." / "새롭다!" / "공간이 충분해!"

[싫어] "못 붙여!"

천장에 붙이자는 생각을 어떻게 할 수 있냐는 표정으로 동현이가 단호하게 말했다. 못 붙인다고. 하지만 가장 많은 '좋아' 생각이 붙은 의견이었기에, 우리는 천장을 게시 공간으로 결정했다.

나로선 조금 엉뚱한 의견이라고 생각했지만, 일단 아이들의 생각대로 해보고자 했다.

"대신 여러분이 직접 천장에 게시하기는 좀 위험하다는 생각이에요. 방과후에 선생님이 게시해둘게요."

방과후, 나는 주무관님께 도움을 청해 교실 천장에 등고선 입체 모형을 붙였다.

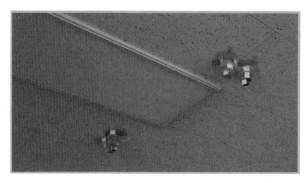

| 등고선 입체 모형을 교실 천장에 게시한 모습 |

붙이고 나서 천장을 향해 모형을 올려다보니, 아래로 내려다보는 것보다 등고선 색깔이 더 잘 구분되어 보이는 것이 훨씬 더 효과적으

로 느껴졌다. 다음 날 등교 후 교실에 들어선 아이들의 반응도 역시나 좋았다. 공간 활용에 대한 새로운 접근은 아이들의 사고를 확장시키고 그 배움까지 즐겁게 만들었다.

다소 엉뚱하고 터무니없는 생각으로 말꼬리만 물어가는 듯해 보여도, 그 과정은 또 다른 배움이다. 주체적 사고, 행동, 성찰이라는 선순환이 함께 한다면 말이다. 아이들의 생각에 힘을 실어주는 교실, 주도권이 보장되는 교실이다.

허락 맡는 학급 문화 지우기

"해도 돼요?"

"선생님, 옆에 여자 줄은 왜 이리 금방 줄어요? 남자 줄은 너무 오래 걸려요."

전교생이 1,300여 명 되는 대규모 학교에서 전교 학생회 선거를 위한 투표가 있었다. 코로나19로 온라인 투표를 해오던 이전과는 달리, '다시 함께'라는 비전을 바탕으로 현장 대면 투표가 실시되었던 것이다. 학생 주관 선거관리위원회도 조직하고 운영하면서 아이들은 학교 안 작은 사회를 배우고 있었다.

우리 반 27명의 투표 차례가 되었다. 2개의 투표소가 설치되어 있었다. 선거관리위원회의에 기본 운영 방침에 따라 나는 남녀를 구분해 각 한 줄로 서서 투표를 하도록 안내했다.

한 15분쯤 지났을까. 남학생 줄의 제일 마지막에 서 있던 규빈이가 짜증이 조금 섞인 말투로 말했다.

"선생님, 옆에 여자 줄은 왜 이리 금방 줄어요? 남자 줄은 너무 느려요!"

남아서 순서를 기다리던 여자아이가 1명 남은 상황에서 남자아이들 줄은 아직 5명이 더 남아 있었다.

"그러네, 오히려 여학생들이 1명 더 많았는데, 왜 여학생 줄이 훨씬 더 빠르게 줄었을까?"

나는 피식 웃음이 나왔다.

"지철아, 어떻게 하면 좋을까?"

씩씩대면서 짜증이 가득한 규빈이에게 물어보려니, 수업 중이던 옆 교실에 방해가 될까 싶어 바로 앞에 서 있던 지철이에게 물었다.

"그냥 기다려요."

엄지척을 보내주었다. 지철이는 흐뭇해하며 다시 조용히 자기 차례를 기다렸다. 사실 내가 기대했던 대답은 아니었다. 무엇인가 좀 더 합리적인 해답을 내놓으면 좋겠다는 생각이 들었다. 지철이에게 엄지 척을 보내주고 나니, 오히려 씁쓸한 생각이 들었다.

'내 말에 항상 잘 따르고 주어진 상황을 묵묵히 받아들이는 지철이 같은 학생을 모범생이라고 여기고 있었구나.'

지철이의 말을 들은 규빈이는 짜증을 낸 자신이 조금 부끄러운 눈 치를 보이며 제법 조용히 기다리는 듯했다. 나는 규빈이에게 다시 물 었다.

"규빈이는 어떻게 하면 좋겠어?"

"여자아이들 줄로 가서 투표하면 안 돼요?"

엄지척을 보내주면서 여학생 줄로 가서 서라고 손짓을 보내주었다. 더 기다리지 않아도 되는 기쁨에 신나하면서 줄을 옮겨 서는 규빈이 의 얼굴이 너무나 밝았다.

투표를 다 마친 여학생 줄로 옮겨 가서 투표를 한다는 것, 어쩌면 교사에게 굳이 물어보지 않아도 되었다. 누가 봐도 문제될 것 없는 합리적인 행동 아닌가. 왜 학생들은 교사에게 문제 상황의 해결 방법을 지시받으려고 하는 것일까? 그동안의 학급 문화를 되돌아볼 필요가 있다. 자신이 맞닥뜨린 상황을 살피고 무엇이 문제고, 어떻게 해결하면 좋을지를 생각하고 행동으로 옮기는 것에 교사의 허락이 있어야 하는 학교 문화는 반드시 바뀌어야 한다.

참, 그렇다고 그냥 자기 줄에서 묵묵히 기다려야 한다고 대답한 지철이의 말이 틀렸다는 말은 아니다. 다만 규빈이의 사고가 삶에 있어서 좀 더 효율적일 수 있다는 뜻이다.

자기 삶을 거울 보게 하기

"여러분이라면 어떻게 했을까요?"

"여러분, 무인 판매점에 가본 적이 있나요?"

"아이스크림 사러 가봤어요!"

"집에서 키우는 강아지 간식을 사러 갔었어요."

주변에서 쉽게 찾아볼 수 있는 무인 판매점에서 실제 일어난, 뉴스로 보도되었던 내용을 들려주었다.

"한 남자아이가 무인 판매점에서 캐릭터 카드를 한 상자 사고 싶어했어요. 그런데 무인 판매점 주인은 캐릭터 카드를 상자째로 사갈 아이들이 없다고 생각했는지, 낱개로만 가격 등록을 해놓은 상태였어요. 그 아이는 캐릭터 카드 상자를 들고 계산대에서 계산하려고 해도 계속 등록된 제품이 아니라서 구매할 수 없다는 메시지만 받고 있었어요. 이 아이는 캐릭터 카드를 상자째로 너무나 사고 싶었어요. 여러분이라면 이 상황에서 어떻게 했을까요?"

123

자기 주변에서 실제로 일어날 수 있는 일이었기에 아이들은 이야기에 몰입하고 어떻게 했을지에 대해 진지하게 생각하기 시작했다.

"그냥 낱개로만 사요!"

"계산하는 기계 옆에 보면 주인한테 전화할 수 있어요! 물어보면 돼요."

대부분 비슷한 생각이었는지 더 대답이 나오지는 않았다. 계산을 할 수 없는 어쩔 수 없는 상황이니까 그냥 물건만 가지고 나갈 수도 있지 않을까라는 미성숙한 대답을 말하는 아이가 없다는 것과 문제 상황의 해답을 찾아내려고 진지하게 고민하는 아이들의 모습을 보고 있자니 대견스럽고 흐뭇했다. 나는 아무 말 하지 않고, 앞서 들려주었던 문제 상황에 대한 뉴스 보도 영상을 보여주었다.

뉴스 보도 내용

남학생이 게임카드를 상자째로 사고 싶었지만, 가격 등록이 안 되어 있었던 상황이라, 상자 안에 게임카드가 몇 장 들어있는지 세어보고 20장이 들어있는 것을 확인한 후, 낱장 카드를 들고 와서 20개의 수량만큼 바코드를 찍어서 결제하고 게임카드를 상자째로 구매했다.

순간 정적이 흘렀다. '저렇게 해결할 생각을 왜 나는 못 했을까?' 한탄하는 분위기였다고 할까.

어떤 상황에서든 유연하게 대처하고 해결할 수 있는 힘은 자기 삶을 주체적으로 사는 데 반드시 필요하다. 영국 UCL(University College London)의 교수 로즈 러킨(Rose Luckin)이 앞으로 학생들이 학교에서 배워야 하는 것은 '무엇이든 효율적으로 학습하고 사고할 수 있는 능력'이라고 강조했던 것을 다시 새겨본다.

서슴없이 질문하게 하기

"마침표 말고 물음표로만 수업해볼까요?"

'자기 삶의 주인이 되려거든, 자꾸 질문하라!'라고 칠판에 썼다. 다 쓰고 돌아서기 바쁘게 현빈이가 물었다.

"선생님, 왜 썼어요? 그게 무슨 뜻이에요?"

나는 그저 가볍게 웃어주며, 아이들에게 다시 물었다.

"지금부터 우리, 마침표 말고 물음표로만 수업해볼까요?"

"네? 선생님, 그게 무슨 말이에요?"

아무 대답도 하지 않고 서 있는 나를 보더니, 은혜가 다시 물었다.

"선생님, 혹시 답은 하지 말고 질문만 하라는 뜻이에요?"

칠판에 적힌 문장과 지금 오가는 대화 속의 상황을 이해할 수 있겠다는 듯, 은혜의 눈이 반짝거렸다. 나는 마침표를 쓰지 말자고 제안했기에, 은혜의 말이 맞다는 뜻으로 그저 가볍게 웃어만 줬다.

아이들 모두 금방 이 상황을 알아챘다. 자신이 무엇을 해야 하고 하지 말아야 하는지 말이다. 서너 번의 물음만 오갔을 뿐, 맞다 아니다를 대답하지 않았다. 그랬더니 아이들은 스스로 적절한 답을 생각해 그것이 맞냐고 되물었다. 내가 의도한 것이 바로 이거다. 교사가 먼저 답을 말해주지 않으면 아이들은 답을 찾기 위해 주체적으로 생각한다.

4차 산업혁명 이전의 산업 사회는 '답하는 사회'였다. 비교적 이미 정해진 답이 존재하는 사회에서는 주어지는 문제에 대한 답을 빠르게 잘 찾으면 되었다. 그리고 학교에서는 그 답이 무엇인지, 또 어디에서 어떻게 찾으면 되는지를 가르치면 되었다.

하지만 디지털 정보화 사회로서 4차 산업혁명 시대를 맞이한 지금은 정해진 답이 없다. 복잡, 다양, 불확실, 모호로 상징되는 이 사회에 어찌 답이 있을 수 있으랴. 이제는 '답하는 사회'가 아니라 '질문하는 사회'여야 한다. 자기 삶, 사회, 국가, 나아가 세계를 향해 자꾸 질문을 던져야 한다. 다시 말해, 주어지는 것에 순응하지 말고 의문을 품고 되물어야 한다는 것이다. 이러한 질문은 주도적이고 능동적인 사람을 만든다.

"선생님, 그럼 이번 수학 시간에 계속 질문만 해야 되는 거예요?"

"질문만 하면 어떻게 배워요?"

나는 또 살짝 웃으며 물었다.

"우리 일단 해볼까요?"

그리고 칠판에 기본 규칙을 두 가지 적었다.

1. 이 수업의 성취 목표에 도달해야 한다.
2. '그렇다', '맞다' 정도는 고개를 한 번 끄덕여주는 것으로 반응해줄 수 있다.

칠판에 적힌 기본 규칙을 읽고서 정적이 흐르기에 내가 먼저 아이들에게 물었다.

"이번 시간, 우리들의 성취 목표는 무엇인가요?"

승민이가 얼른 교과서를 훑으며 오늘의 학습 문제를 찾고 도달해야 할 목표를 말해주었다. 평소 해오던 수업 과정의 일부였기에, 다른 아이들도 모두 금방 찾고 말할 수 있다는 눈빛을 보내줬다.

"자연수와 진분수의 곱셈을 할 수 있어야 해요."

"야! 그건 마침표 아니야? 물음표로 다시 말해야 하지 않을까?"

지혜의 말에 당황해하면서, 승민이는 그럼 이걸 어떻게 물음표로 말해야 되냐고 따졌다. 그때 옆 짝꿍이 도왔다.

"자연수와 진분수의 곱셈을 해결할 수 있어야 하는 게 아닌가요? 라고 하면 되는 거 아니야?"

아이들 전체가 크게 웃었다. 나도 억지스러운 이 상황이 우스웠지만, 내가 먼저 답하지 않고 아이들의 질문으로만 끌어가는 수학 수업이 과연 어떤 모습일까 기대와 걱정을 하며 계속 이어갔다.

또 정적이 흘렀다. 선생님이 이어서 무엇인가를 안내해주기를 기다리면서 말이다. 하지만 나는 아이들이 먼저 질문해 오기를 바라며, 아무 말을 하지 않았다. 누가 어떤 질문을 해올까 궁금해하면서 말이다.

"자연수와 진분수의 곱셈을 어떻게 해요?"

다행이었다. 혹여나 수업과 동떨어진 질문들이 오가면 어쩌나 걱정을 했는데, 칠판에 적힌 기본 규칙과 오늘의 성취 목표를 엮어서 질문을 해오니 말이다. 이처럼 교사가 학생들에게 무엇인가 의도하는 것이 있다면 구체적이고 가시적으로 명확하게 안내해야 한다.

태현이의 질문에 아이들은 내가 어떻게 대답할지 궁금하다는 듯 매우 집중하고 있었다. 단순히 자연수와 진분수의 곱셈 방법을 설명할수 없는 상황이라는 것을 나도 아이들도 알고 있기 때문이다. 내가 또물었다.

"다른 질문은 또 없나요? 우리 잠시 질문을 고민하고 메모지에 써보는 시간을 가져보면 어떨까요?"

아이들은 고개를 한번 끄덕여주었다. 이어서 나는 메모지를 나누어주었다.

"메모지에 질문을 써서 칠판에 붙이면 되나요?"

나도 고개를 한번 끄덕였다. 옆 짝이 어떤 질문을 쓰는지 공유도 해가면서 아이들온 이번 수업의 성취 목표 도달을 위한 질문을 써 냈다.

물음표로만 수업해보자는 나의 제안이 그저 재미있는 이벤트로만여겨서 엉뚱한 질문들이 오갈수도 있겠다고 생각했기에, 나는 미리기본 규칙을 명확하게 안내하는 등의 사전 준비가 필요했다. 그리고준비한 만큼 아이들은 재미와 호기심으로 수업을 시작하면서도 진지하게 몰입해 수업에 참여하고 있었다.

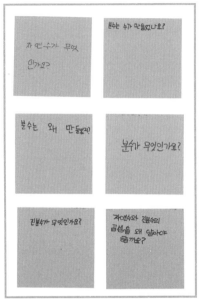
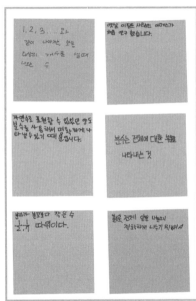

| 학생들의 질문지와 스스로 찾은 답을 써서 덧붙인 모습 |

"칠판에 적힌 질문들을 한 모둠씩 나와서 같이 확인해볼까요?"

나는 모둠별로 같이 나와서 다른 친구들이 어떤 질문을 써 내었는지 확인하도록 했다.

"우리 이제 이 질문을 어떻게 해결하면 좋을까요?"

"선생님이 설명해주시면 안 돼요?"

"야, 우리 이번 시간에는 물음표로만 수업하기로 해서 선생님은 설명할 수 없잖아."

"아, 맞다."

"야, 그거 마침표 아니야?"

"아, 맞네?"

130

또 한바탕 웃음이 터졌다.

"선생님, 우리 각자 저 질문에 대한 답을 찾아보면 어때요? 선생님이 설명을 못 하시니까 우리가 찾으면 되잖아요?"

속으로 나는 '옳지, 그거다'를 외치며 고개를 끄덕였다. 아이들은 자신이 잘 찾아서 이해할 수 있을까 하면서 걱정스러워하기도 했고, 반대로 내가 스스로 해볼 수 있다는 것에 너무나 즐거워하기도 했다.

"자연수가 무엇인지에 대해 찾은 학생이 있나요?"

"자연수는 1, 2, 3, 4, 5와 같이 수를 셀 때 쓰는 숫자라고 하는데요?"

"다른 친구들도 같은 내용을 찾고 이해했나요?"

대부분의 아이들이 고개를 끄덕였다.

이 수업의 성취 목표인 자연수와 진부수의 곱셈을 어떻게 하는지에 대해서는 진규가 설명을 해주면서, 이렇게 하는 것이 아니냐는 물음표를 써주었다. 이렇게 물음표로만 수업을 진행한 후 성취 목표 도달 확인을 위한 평가 문항을 3개 제시했다. 28명 중 24명이 단번에 쉽게 계산해냈고, 4명의 학생은 옆 짝의 도움으로 두어 번의 보충 학습 후 충분히 이해하고 계산해냈다.

아이들은 스스로 배웠다. 나는 가르치지 않았다. 그저 아이들과 같이 서로 묻기만 했다. 물론 질문이라기 보다는 단순히 확인하는 문장들도 있었지만, 오늘 수업은 아이들이 주체적으로 먼저 생각하고 그에 대해 답을 찾으며 성공적인 학습을 마쳤다.

"오늘 물음표로만 수업해보았는데, 어땠나요?"

- 선생님이 지시하지 않고 우리의 의견을 많이 물어보셔서 좋았다.
- 우리가 스스로 공부할 수 있다는 것이 뿌듯했다.
- 선생님이 설명할 때는 지루함이 있었는데, 이번 수업은 정말 재미있었다.
- 질문하는 것에 대한 부담이 줄어든 것 같다.

아이들의 반응은 매우 긍정적이었다. 아이들은 교실 수업의 주체가 되는 것을 매우 그리고 적극 반긴다. 질문을 만들고 스스로 답하면서 학습에 능동적으로 참여할 수 있는 경험은 앞으로의 학교 교육에서 반드시 더 확대시켜야 한다.

안타깝게도 한국 사람들은 질문하기를 꺼려하는 경향이 있다. 몇 해 전 크게 쟁점이 되었던 사건 하나를 떠올려보자.

질문을 포기한 한국 기자들

2010년 9월 G20 서울 정상회의 폐막식에서 버락 오바마(Barack Obama) 미국 대통령이 연설 직후 한국 기자들에게 질문권을 주었지만 아무도 질문하지 못했다.

이에 대해서 우리 사회는, 당시 현장의 기자들이 다른 기자의 눈치를 보거나, 자신의 질문이 다른 사람들에게 어떻게 여겨질지를 너무 많이 고민한 탓이 아닐까라는 해석을 냈다. 그리고 질문이 사라지는 사회를 안타까워하며 질문하지 않는 교육 환경을 돌아보게 만들었다.

물음표로만 대화해보는 수업을 통해 아이들이 질문하기에 대한 거부감을 조금이나마 제거할 수 있기를 바랐다. 질문은 어려운 것이 아니고, 어떤 질문이든 자신의 질문이 수업에 도움이 되었다는 성취감을 느끼도록 해주고 싶었다. 질문은 모르는 것을 묻거나 단순히 답을 얻기 위해서만 하는 것이 아니다. 더 재미있게 배우고 더 스스로 깊이 있는 이해를 유도한다. 아이들에게 서슴없이 질문하게 해보자.

컴퓨팅 사고력 키우기

"인공지능도 공부를 하나요?"

2025년부터 수도권에서는 하늘을 나는 택시(드론 택시)를 시범 운영할 것이라는 뉴스 보도를 아이들에게 안내했다.

"우와, 정말요? 나도 수도권에서 살고 싶다!"

"하늘을 나는 택시를 어떻게 타? 난 너무 무서울 것 같은데."

기술 혁신으로 빠르게 변하는 사회를 맞이하는 아이들의 생각이 다양하다. 설레임으로 기대에 차 있는 아이가 있는가 하면 걱정만 앞세우며 자신은 그런 변화를 외면하고 살면 그만이라는 아이도 있었다.

2022 개정 실과과 교육과정은 기술 발달과 인간의 주도적인 삶을 목표로 다양한 디지털 기기를 실제로 활용하며 생활 속 컴퓨터 프로그래밍의 기본 원리를 익히도록 하고 있다. 인공지능은 인간의 지능을 모방해 만든 프로그램 시스템으로 생활 속의 다양한 분야에 영향을 미친다는 것도 강조하면서 말이다. 이것은 다시 말해, 미래의 자기 삶을 주도하기 위해서는 디지털 기술의 이해와 활용이 필수적이라는 것이다.

2022 개정 교육과정은 5~6학년군의 정보 교육을 34시간 이상 운영할 것을 요구하고 있는데 이것은 2015 개정 교육과정의 정보 교육 기준 시수의 2배이다.

우리 반 아이들은 알파 세대다. 2010년 이후에 태어나 어려서부터 기술의 진보를 경험하고 있는 아이들이다. 학교 교육은 아이들의 이러한 기술 진보에 대한 경험을 주체적으로 성찰하고 그에 대한 사고를 확장 시켜 미래 사회가 필요로 하는 기술 및 정보 소양을 키울 수 있도록 해야 한다.

"여러분, 평소 생활 속에서 AI(인공지능)를 활용해본 적이 있나요?"

"선생님, 저는 매일 AI가 깨워주는데요."

규현이었다.

"그건, 그냥 알람시계 아니야?"

"아니야, AI가 사람처럼 말해줘. 오늘의 주요 뉴스도 말해준다니깐!"

"맞아요. 여러분이 늘 가지고 다니는 스마트폰에도 인공지능 기술이 탑재되어 있어요. 규현이는 제법 인공지능을 잘 활용하고 있는 것 같군요."

나는 현재 인공지능이 우리 사회에 어떠한 영향을 미치고 있는지, 또 미래 사회에서는 어떻게 더 큰 영향을 끼칠 것인지를 간단하게 말해주며, 수업을 시작했다.

135

[6실05-02] 컴퓨터에게 명령하는 방법을 체험하고, 주어진 문제를 해결하는 프로그램을 작성한다.

"선생님이 인공지능과 챗 대화를 해볼게요."

큰 화면을 띄워 챗봇과 대화하는 장면을 그대로 보여주었다.

"선생님, 누구랑 대화하는 거예요?"

"GPT라는 인공지능 챗봇이에요."

보람	네 이름은 뭐야?
🟦	저의 이름은 ChatGPT입니다. 어떻게 도와드릴 수 있을까요?
보람	너는 무엇을 알고 있어?
🟦	저는 다양한 주제에 대한 정보를 알고 있습니다. 이러한 주제들은 과학, 기술, 문학, 역사, 언어학, 예술, 일상생활, 그리고 많은 다른 분야에 이릅니다. 그러나 제 정보는 2021년 9월까지로 업데이트되어 있으며, 인터넷을 검색할 수 없습니다. 또한 의학적 또는 법적 조언을 제공할 수 없습니다. 어떤 주제로 도와드릴까요?
보람	어떻게 그 많은 내용을 다 알고 있는거야?
🟦	저는 대규모 데이터 세트를 기반으로 훈련되었습니다. 이 데이터 세트는 다양한 웹페이지, 책, 논문, 그리고 다른 텍스트 자료에서 추출된 내용을 포함하고 있습니다. 이를 통해 다양한 주제와 문제에 대한 일반적인 정보와 통찰력을 얻을 수 있습니다.

9월 1일 영주가흥초등학교의 점심 급식 메뉴는 뭐야?

죄송합니다만, 저는 2021년 9월 이후의 정보를 업데이트하지 않았으며 인터넷을 검색할 수 없기 때문에 2023년 9월 1일 영주가흥초등학교의 점심 급식 메뉴에 대한 정보를 알 수 없습니다. 해당 정보는 학교의 웹사이트나 공식 알림을 통해 확인하실 수 있을 것입니다.

화면을 통해서 나와 챗-GPT가 나누는 대화 내용을 집중해서 보던 아이들이, "죄송합니다. 잘 알지 못합니다"라고 챗-GPT가 대답하자 마구 질문했다.

"근데, 선생님! GPT가 다 안다고 해놓고, 왜 우리 학교 급식 메뉴는 모른대요?"

"인공지능은 무엇이든 다 아는 거 아니에요?"

"여러분, 인공지능도 공부를 해야 한답니다."

"네? 우리처럼 공부를 해야 한다고요?"

"인공지능이 어떻게 공부를 해요?"

"자, 그럼 지금부터 인공지능이 어떻게 공부하는지 알아봅시다."

"네!"

관심과 집중의 열기가 후끈했다. 나는 인공지능과 같은 컴퓨터 기기가 어떻게 학습하는지를 게임 요소와 함께 무료로 제공해주는 튜토리얼을 화면을 띄우고 물었다.

이게 물고기입니까?

A.I.

클릭할 때마다 A.I.를 프로그래밍하고 학습시킵니다.
계속하세요.

계속

studio.code.org에서는 AI의 학습 방식을 체험할 수 있는 무료 튜토리얼 **'바다를 위한 AI'**를 제공하고 있다.

"보이는 그림은 물고기입니까?"

"네."

나는 바로 '물고기' 글자를 클릭했다.

"보이는 그림은 물고기입니까?"

"아니요!"

'물고기 아님' 글자를 클릭했다.

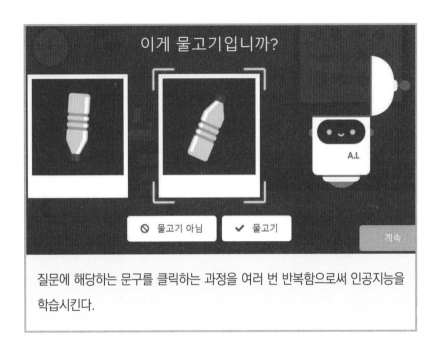

이게 물고기입니까?

◎ 물고기 아님   ✔ 물고기

계속

질문에 해당하는 문구를 클릭하는 과정을 여러 번 반복함으로써 인공지능을 학습시킨다.

"선생님, 그럼 우리가 인공지능을 학습시키는 거예요?"

"맞아요. 만약 우리가 잘못된 답을 클릭하면 인공지능은 페트병을 물고기로 학습하게 되는 거죠?"

인공지능을 학습시키는 것은 결국 인간이라는 것을 이해하는 순간이었다. 많은 양과 양질의 데이터를 학습시킬수록 인공지능의 성능이 더 좋아질 것이라는 예측을 하는 아이도 있었다.

인공지능이 어떻게 학습되고 또 사회에 어떤 역할로 가치를 발휘할지는 결국 인간이 주도한다. 그리고 그 역할을 할 수 있는 인간으로 자라도록 하는 것이 학교 교육의 목표인 것이다.

STEP. 3 도전하기

덜 가르치고 더 배우게 하기

Ep. 8

에듀테크로 주체적 사고를 돕다

"사진이나 영상 등을 활용해서 발표 자료를 만들어본 적이 있나요?"

"네, 스마트폰 앱으로 사진을 보정해본 적이 있어요."

"저는 스마트폰 앱으로 영상을 편집해봤어요."

이어서 나는 PPT자료를 화면으로 띄우고 다시 물었다.

"이런 PPT 발표 자료를 만들어본 적이 있나요?"

하나같이 고개를 젓는다. 스마트폰 앱을 활용해 비교적 쉬운 작업은 해보았어도 특정 주제를 드러내는 발표 자료를 만드는 데 디지털 미디어를 활용해본 경험은 거의 없었던 것이다.

2022 개정 국어과 교육과정은 학습자가 실생활에서 디지털 도구를 적극적으로 활용할 수 있도록 교수·학습을 계획하고 운용할 것을 방침으로 내세우며 디지털 미디어 역량 함양을 강조한다.

나는 디지털 도구를 활용해 효과적으로 발표하기를 주제로 한 수업, 주제와 내용에 알맞는 자료 탐색 및 조사하기 → 디지털 도구 활용해 발표 자료 만들기 → 발표 및 공유를 통해 배움 성찰하기 순으로 계획했다. 그리고 발표 자료를 제작하는 데 활용할 디지털 도구는 무료 계정을 사용할 수 있고, 저작권 문제가 다소 적은 특정 플랫폼을 안내했다. 보호자 동의를 통한 계정 가입 안내도 물론이다.

"어떤 기능이 있는지, 어떻게 자료를 제작하면 좋을지 다양하게 접근해보고 체험해봅시다."

디지털 도구 플랫폼을 학생 스스로 탐색하고 체험해보는 시간이었다. 스마트폰이 아주 익숙한 아이들은 직관적으로 다양한 템플릿을 탐색했다. 그러면서도 조심스러워했다.

"선생님, 모든 템플릿을 마음대로 사용해도 되나요?"

"아무거나 막 만져봐도 돼요?"

디지털 도구를 처음 만져보는 민혁이에게 재우가 다가가더니, 활용 가이드 안내문을 읽어보라고 알려준다. 어떤 안내문인지 나도 다가가서 같이 봤더니, 저작권과 관련한 주의 사항이었다.

"재우가 찾은 안내문을 다른 친구들도 같이 읽어보면 좋을 것 같네요."

"재우야, 어디서 볼 수 있어?"

친구들의 요청에 크고 힘이 실린 목소리로 자세하게 대답해주는 재우의 모습이 아주 당찼다. 디지털 도구 플랫폼을 활용할 때 알아야 할 저작권 보호 교육이 이렇게 아이들의 주도로 자연스럽게 이루어졌다.

디지털 도구를 활용하는 태도와 그 수준이 아이마다 너무 많이 달랐다. 이러한 차이는 자연스럽게 또래 간의 협력과 조력을 유도했다. 이것은 교사의 친절한 지도와 안내가 때로는 또래 간의 이러한 경험을 방해할 수도 있다는 것을 뜻하기도 한다.

디지털 도구 플랫폼의 자유로운 탐색과 체험 결과, 자료 제작을 위한 다양한 편집 기능은 초등학생 수준에서 충분히 쉽게 익힐 수 있었다. 간단한 텍스트 수정, 배경 편집은 물론이고 마음에 드는 사진이 없는 경우 다른 누리집에서 다운로드한 사진을 업로드하거나 특별히 보여주고 싶은 영상의 링크 주소를 연결시키는 등 굳이 교사가 가르쳐주지 않아도 아이들 스스로 알아갔다.

"자, 그럼 지금부터는 자신이 선택한 주제와 내용에 알맞게 발표 자료를 제작해봅시다."

얼마나 지났을까, 규현이의 목소리가 온 교실에 퍼진다.

"우와, 선생님! 완벽해요!"

디지털 도구를 잘 활용할 수 있다는 자신감이 가득 차 있었다.

다음은 '보드게임'을 주제로 한 규현이의 실제작이다.

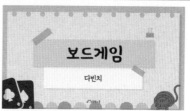

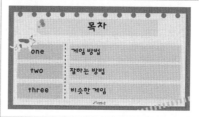

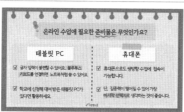

무료 제공 템플릿

왼쪽 템플릿을 활용해 학생이 제작

143

아이들은 저마다 디지털 도구 플랫폼에서 제공하는 무료 템플릿을 활용해, 자신이 원하는 주제에 맞게 디자인을 바꾸고, 잘 어울리는 요소를 넣었다. 또한 표, 사진, 영상, 기사 등을 넣어 더욱 효과적으로 전달했다. 디지털 도구를 활용한 배움을 성찰했다.

"디지털 도구로 자료를 만들고 발표해보니 어때요?"

"평소에 별로 재미있어 보이지 않던 보드게임인데, 새롭게 관심이 갔어요. 이따가 제대로 해보려고요."

"민재의 발표가 진짜 재미있었어요. 주제가 '방귀'여서 그냥 웃기기만 할 줄 알았는데, 다양한 방귀 소리도 실제로 들어보고 방귀의 성분도 알고 또 방귀를 참으면 안 되는 이유를 과학적 근거와 실제 사례 영상으로 보여줘서 정말 유익했어요."

"준서가 요즘 인기 있는 애니메이션의 하이라이트 부분을 음악과 영상으로 보여주고 설명해줘서 진짜 좋았어요."

지금까지 발표한 자료를 만드는 데 디지털 도구를 활용하지 않았다면 어땠을까 생각해보게 했더니, 아이들은 하나같이 덜 재미있고 집중도 덜 되었을 것 같으며 만드는 데 시간이 많이 걸려서 힘들기만 했을 것 같다는 반응을 보였다.

이번 수업의 시작과 끝에는 아이들의 주체적 사고와 성찰이 있었다. 교사로서 나의 역할은 그저 안내와 조력뿐이었다. 가르치지 않았다.

교사의 말수 줄이기

칠판에 적었다.

'덧셈, 뺄셈이 섞여 있는 식을 계산하기'

칠판에 적힌 글자를 소리 내어 읽어 보는 아이, 이제야 부랴부랴 수학책을 가져오는 아이, 저마다 바쁘게 수업 준비를 했다.

"수학 교과서는 꺼내지 않아도 돼요."

"수학 시간 아니에요?"

"맞아요. 하지만 수학 교과서가 꼭 필요하지는 않아요."

공부할 분위기가 만들어졌다 싶을 때, 아이들 삶 속에서 흔히 만나게 되는 문제 상황을 프로젝션 TV 화면에 띄웠다.

15권짜리 시리즈 만화책이 새로 들어왔다. 만화책 읽기를 좋아하는 재범이가 얼른 8권을 빌려 갔다. 친구들의 재촉에 재범이는 얼른 읽고 1시간 후 4권을 다시 반납했다. 지금 만화책은 몇 권이 꽂혀 있는가?

"지금 책꽂이에 몇 권의 만화책이 꽂혀 있을까요?"

"11권이요!"

질문이 끝나기가 무섭게 너도 나도 11권이라고 큰 소리로 대답했다. 아직 계산을 마치지 못한 아이들은 다른 친구들이 답을 말하는 그 순간, 풀던 것을 멈추어버렸다.

교사의 질문에 빠르게 먼저 대답하는 아이들로 인해, 다른 아이들이 충분히 생각하고자 하는 의지가 꺾이지 않게 해주어야 한다. 생각이 더딘 아이들이 자칫 수업에서 소외될 수 있기 때문이다.

나는 입술을 살짝 깨물고 눈으로는 가볍게 웃어주며, 고개를 저었다. 지금은 대답할 때가 아니라는 신호로 말이다. 풀던 것을 멈춘 아이들이 다시 연필을 쥐었다. 다행이다. 잠시 후 나는 왼손을 높이 들어 보였다. 대부분의 아이들이 자기 오른손을 든다. 자신이 발표하고 싶다고 말이다.

"재숙, 지금 책꽂이에는 몇 권의 만화책이 꽂혀 있나요?"

"11권입니다."

엄지척을 보내주었다.

"어떻게 11권이 남았지요? 식으로 써보세요. 자, 식을 쓰고 그 식을 계산해볼 사람 있나요?"

새 학년이 되고서 첫 수학 수업 시간이라 그런지 아무도 선뜻 손을 들지 않았다.

"그럼 발표자를 추천해주세요."

"규빈이요!"

작년에 같은 반이었던 희철이가 규빈이를 추천했다.

"규빈아, 희철이가 규빈이를 발표자로 추천했는데, 어때요?"

조금 쭈뼛거리더니, 규빈이가 고개를 끄덕이며 칠판 앞으로 나왔다.

발표를 희망하는 학생이 아무도 없을 때, 교사가 누군가를 지명하기보다는, 또래 친구로부터 추천을 받아보자. 친구에게 추천을 받아 발표를 하게 되는 아이는 부끄러운 마음보다 뿌듯한 마음이 더 커져 조금 더 자신감을 갖고 발표할 수 있다.

규빈이가 식을 쓰고 계산 순서를 표시해가면서 정확하게 계산한다. 아무 말 없이 분필로만 풀어대기에 소리 내어 설명해보면 좋겠다고 말했다.

"15 빼기 8은 7, 7에 4를 더하면 11입니다."

내가 엄지척을 보내주니, 자연스럽게 앉아 있는 아이들이 박수를 쳐준다.

"여러분, 이와 같이 덧셈과 뺄셈이 섞여 있는 식은 어떻게 계산하나요?"

질문을 마침과 동시에 오른손 검지를 입술에 갖다댔더니 아무도 말

147

을 하지 않고 기다려주었다. 조용히 왼손을 들어주니, 여섯 명의 아이가 자기 오른손을 들었다. 그중 한 명을 지명했다. 아까 규빈이를 추천한 희철이가 보였다.

"희철이가 말해볼까요?"

"…."

자신 있게 손을 들었던 희철이가 선뜻 대답을 못 한다. 아마 질문이 뭐였는지 순간 잊은 모양이었다.

전체 아이들에게 다시 검지 손가락을 입술에 대며 질문했다.

"선생님이 조금 전 여러분에게 무엇을 물었나요?"

수정이가 손을 들었다.

"앞에 적혀 있는 식을 어떻게 계산하면 되는지 물으셨어요."

교사의 질문을 잘 듣지 못했거나 순간 잊어버린 아이에게 교사가 다시 반복해서 똑같이 질문하지 말고 "선생님이 무엇을 물었나요?"라고 다른 아이들에게 질문해보자. 수업에 더 몰입하게 되는 힘을 자연스럽게 키울 수 있다.

아차 하면서 다시 희철이가 대답했다.

"덧셈과 뺄셈이 있을 때는 앞에서 차례대로 계산해요."

희철이가 이번 수업의 핵심 개념을 잘 정리해주었다.

교사의 말수는 적을수록 좋다. 교사가 직접 설명하고 가르치지 않고 중요한 질문 서너 개만 해도 아이들은 충분히 배울 수 있다. 훨씬 더 흥미 있게 몰입해 배울 수 있다.

칠판에 또 문제를 적었다. 그리고 아이들을 잠시 가만히 쳐다보았다.

25+3-11

"저거 풀까요?"

눈치 빠른 희수가 물어보기에 엄지척을 보내주었다. 순간 조용해졌다. 새 학년 첫날 약속한 배움성장노트에 저마다 식을 쓰고 풀기 시작했다. 10초가 채 지나지 않아 여기저기서 큰 소리가 나왔다.

"다 했어요!"

"저도 다 했어요!"

"저도요!"

"아, 진짜 쉽다!"

다 했다고 자랑삼아 말하는 아이들을 보며 눈을 동그랗게 뜨고 물었다.

"다 푼 친구들은 어떻게 하면 좋을까요?"

"덜 푼 친구에게 방해되지 않게 기다려요!"

149

가볍게 미소 지으며 엄지척을 보내주었다. 조용해졌다.

"문제를 다 푼 친구들은 아직 덜 푼 친구들에게 방해되지 않도록 조용히 기다려주세요"라고 교정 행동에 대해 직접적으로 언급하기보다는 아이들 스스로 깨우칠 수 있도록 기회를 주자. 생각하는 힘이 자연스럽게 커질 것이다.

"옆 짝과 노트를 바꾸어보세요. 계산한 답이 서로 같은가요?"
"네!"
27명 전체 학생이 정확하게 계산했다. 나는 굳이 이것을 다시 설명하고 가르칠 필요가 없다.

너도 나도 동시에 대답할 경우, 수업 장면이 지저분하게 흐트러질 수 있다. 이럴 때 흔히 교사는 손들고 한 사람만 말해달라고 요청하는데, 이보다는 쉽게 알 수 있는 가벼운 손 신호를 빠르게 전달해주는 것이 좋다. 교사의 무언의 눈빛과 신호는 학생들이 수업에 더 집중하고 몰입할 수 있도록 도와준다.

바람을 현실로 만들어주기

가만히 있으면 아무 일도 일어나지 않는다

어떤 바람을 가지고서 그 바람을 꼭 이루겠다는 의지는 그 사람을 주도적으로 만든다. 학생들에게 학교는 무엇인가를 원하고 실현시킬 수 있는 공간이라는 인식을 심어주자.

구분	바람	시도와 노력
개인적	콘서트 관람을 가고 싶음.	콘서트 관람권을 사기 위한 용돈을 마련하려는 노력
	관심 있는 사람에게 호감을 표현하고 싶음.	마음을 담은 글을 쓰는 방법을 찾아보고 이해하며 적용해보려는 노력
	매주 30분 이상 아침 활동으로 피구를 하고 싶음.	선생님을 설득하기 위한 노력
	친구와 화해하고 싶음.	친구에게 먼저 다가가서 화해하려는 노력
	…	…
사회적	학교에 아무렇게나 쓰레기를 버리지 않도록 하고 싶음.	쓰레기를 아무 데나 버리지 않도록 설득하기 위한 노력
	복도에서 아이들이 뛰어다니지 않았으면 함.	복도에서 뛰어다니지 않게 친구들을 설득하는 노력

151

구분	바람	시도와 노력
사회적	탄소중립에 관해 학생들이 관심을 가졌으면 함.	캠페인이나 홍보물을 만들어 보는 노력
	청결한 화장실을 사용하고 싶음.	사람들이 청결한 화장실을 사용하도록 경각시키기 위한 노력
	...	...

쉬는 시간 마침 종이 울리는데, 수현이가 씩씩거리면서 자리에 앉았다. 누가 봐도 화가 난 모습인데, 굳이 나에게 와서 하소연하지는 않았다. 옆에 앉은 민지가 그 이유를 물었다. 나도 수현이가 왜 화가 났는지 궁금했던 참이라 그 대답에 함께 귀를 기울였다.

"옆 반 지찬이가 뛰어가다가 나하고 부딪혔는데, 사과도 안 하고 그냥 가잖아! 아, 아파!"

무릎을 살살 문지르며 또 한 번 짜증을 냈다. 넘어지면서 바닥에 무릎을 찧었나 보다.

담임 교사에게 가서 자신이 누구 때문에 넘어졌고, 또 그 아이는 어떤 잘못을 했는지 설명하면서 그 아이를 따끔하게 혼내어달라고 요청하는 것이 교실에서 주로 볼 수 있는 장면이 아닐까 싶다. 그동안 내가 아이들에게, 어떤 문제 상황이 생겼을 때, 일단 스스로 해결해보고 그래도 해결되지 않으면 주변에 도움을 청하면 좋겠다고 일러온 까닭인지, 수현이는 일단 가만히 앉아서 자기 화를 다스리는 듯했다.

다시 찾아온 쉬는 시간, 수현이가 바로 교실 밖으로 나섰다. 지찬이네 반을 찾아가는 모양이었다. 얼마쯤 지났을까, 수현이가 눈물을 훔치며 교실로 돌아왔다. 그러고는 나에게 왔다.

"선생님, 아까 2교시 마치고 쉬는 시간에 지찬이가 뛰어가다가 저를 밀쳐서 제가 넘어졌거든요. 근데 사과도 안 하고 그냥 뛰어갔어요. 그래서 조금 전에 지찬이네 반에 가서 사과를 받으려고 했는데, 지찬이가 자기는 그런 적이 없다고 오히려 저한테 화를 내요!"

"선생님, 그래서 수현이가 지찬이를 때리려고 했는데, 제가 억지로 말렸어요!"

수현이의 울분 섞인 말을 같이 듣고 있던 소진이가 일러주듯 말했다. 나는 화가 나고 분한 마음이 가득한 채 울먹이며 말을 하는 수현이의 어깨를 토닥여주었다.

"넘어지면서 어디 다친 데는 없어?"

"무릎이 조금 아파요."

마침 종이 쳤다.

"수현아, 이따 수업 마치고 다시 이야기할까?"

대답을 안 하고 가만히 서 있는 수현이의 표정이 많이 일그러져 있었다. 시간표대로라면 수학 수업을 이어가야 했지만 나는 수현이의 문제 상황을 생활 지도 삼아 다른 수업으로 엮어가기로 했다.

교육과정으로 엮어가는 생활 지도는 진지한 배움과 성찰을 체계적으로 운영할 수 있기 때문에 생활 지도와 수업을 분리하는 것보다 더 효과적일 수 있다. 갑작스럽게 일어난 일로 인해 더 이상 계획된 수업을 정상적으로 운영할 수 없을 때, 교사는 관련된 성취기준을 빠르게 파악해 새로운 수업으로 전향할 필요가 있다. 이것이 학생들의 실제 삶 속에서 일어나는 배움이고, 이러한 배움은 학생들의 주체적 사고와 행동, 그리고 성찰을 돕는다.

우리 반에는 '러닝월(Learning Wall)'이 있다. 러닝월은 해당 학기 동안 학생들이 성취해야 할 목표를 적어둔 벽보를 뜻하는데, 학기 초에 성취기준을 바탕으로 자신들이 무엇을 어떻게 성취해야 하는지를 학생들이 직접 문장으로 재구성해 쓰고 벽면에 붙여서 만든 것이다.

나는 러닝월 앞에 섰다.

"같이 고민하고 싶은 사람은 여기로 오세요."

러닝월 앞에 서서 어떤 성취기준을 골라낼까 고민할 때, 함께 고민하고 싶은 학생은 기꺼이 함께하도록 했다. 이러한 과정이 교육과정 설계에 학생과 교사가 함께 주체자가 되는 것이다.

함께 고민해보자는 나의 말에 처음에는 거의 모든 아이들이 호기심만 가득한 채 러닝월 앞에 우루루 몰려 나오더니, 이제는 벽면의 글자가 잘 보이는 위치에 설 수 있는 정도로만 나온다. 자기 행동이 얼마나 의미가 있느냐 없느냐를 아이들 스스로 성찰하고 고쳐나간 결과였다.

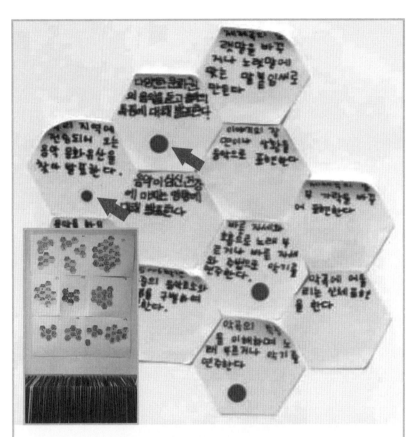

차시 또는 단원이 끝나면 학생들과 함께 해당 성취 목표에 얼마나 잘 도달했는지를 성찰했다. 초록색 스티커는 성취 목표 도달도가 학급의 80% 이상일 경우, 빨간색 스티커는 그 반대의 경우에 붙였다. 빨간색 스티커가 붙은 성취 목표는 반드시 다른 수업 중에 한 번 더 다루고 성취 목표 도달도가 80%를 넘으면 그 위에 초록색 스티커를 덧붙였다.

러닝월은 학생들에게 해당 학기 중에 도달해야 할 목표를 수시로 노출 및 확인시켜 학생들의 자기주도학습을 유도하는 데 큰 효과가 있다.

| 교실의 러닝월의 실제 모습 |

155

눈에 들어온 성취 목표가 하나 있었지만, 아이들에게 그 기회를 주고 싶었다. 마침 지현이가 찾아낸다.

"선생님, 이걸로 해요!"

'다양한 갈등을 평화적으로 해결하는 것의 중요성과 방법을 알고, 평화적으로 해결하려는 의지를 기른다'라는 도덕과의 성취 목표였다. 칠판으로 가서 이 성취 목표를 제법 큼지막하게 적었다. 그리고 다같이 소리내어 읽었다.

"이 성취 목표에 도달하려면 무엇을 배워야 하나요?"

내가 자주 물었고 또 거기에 수없이 대답해온 아이들의 대답은 쉽고 빨랐다.

"갈등을 평화적으로 해결하는 것의 중요성이요."

"갈등을 평화적으로 해결하는 방법이요."

"갈등을 평화적으로 해결하려는 의지를 길러야 해요."

교사의 발문과 학생의 대답이 오가기 전에, 그 발문에 대해서 짝 대화, 모둠 대화를 먼저 해보게 하는 것이 좋다. 충분히 생각할 수 있는 시간은 물론 또래 간의 편안한 대화 속에서 미처 생각하지 못한 것을 더 생각하게 되는 기회가 된다.

나는 '갈등을 평화적으로 해결하려는 것의 중요성과 그 방법을 아는 것'을 이번 수업으로 엮어가기로 했다.

"왜 갈등을 평화적으로 해결해야 할까요?"

"평화적으로 해결하지 않으면 누군가는 다치잖아요."

"그런 사례를 본 적이 있나요?"

"저 어제 동생이랑 싸워서 여기 다쳤어요."

현지가 어제 집에서 있었던 일을 떠올리며 동생 손톱에 긁힌 자기 팔을 보여줬다.

"저런, 속상했겠어요. 그래서 동생과 싸운 후에 어떤 생각을 했어요?"

"제가 조금만 더 부드럽게 말했다면 안 싸웠을 텐데, 좀 후회했어요. 괜히 싸웠어요."

갈등을 해결하는 방법에 폭력이 쓰인다면 어떠한 결과가 초래하는지, 그래서 갈등은 평화적으로 해결해야 한다는 것을 모르는 아이는 없어 보였다. 사실 이번 시간은 평화적인 갈등 해결의 중요성과 방법을 아는 것에 그치는 것이 아니라, 그 아는 것을 실천하려는 동기와 의지를 키우는 것이 더 중요한 목표다. 그래서 실제 주변에서 일어나는 갈등 해결 사례를 통해 배움의 깊이를 더하기 위해서 나는 아이들에게 갈등을 평화적으로 해결했거나 그렇지 못한 실제 사례를 찾아보게 했다.

찾아본 사례를 다 함께 공유해보았더니, 남녀 간의 다툼, 교통사고 해결 다툼, 이웃 간의 층간 소음 문제 다툼, 러시아와 우크라이나 사이의 갈등을 전쟁으로 해결하고 있는 사례 등 갈등을 평화적으로 해결하지 못해서 오히려 더 나쁜 결과를 초래한 다양한 사례가 많았다.

"이러한 사례를 보니, 어떤 생각이 들어요?"

"갈등을 폭력적으로 해결하면, 더 큰 문제가 또 생겨요."

"그래서 갈등은 평화적으로 해결해야 해요!"

갈등을 평화적으로 해결해야 한다는 것을 다양한 사례로 실감한 아이들에게 나는 슬슬 수현이의 상황을 수업 소재로 끌어왔다. 물론 수현이에게 반 친구들과 함께 이 문제를 해결해가는 것에 동의를 얻은 후에 말이다.

"수현이도 지금 옆 반 지찬이와 갈등 상황에 놓여 있어요."

쉬는 시간 중에 수현이와 짝, 그리고 내가 서로 주고받는 큰 소리로 인해 이 갈등 상황이 무엇인지 모르는 학생은 없었지만, 수현이에게 한 번 더 상황을 정리해서 말해달라고 부탁했다. 수현이는 처음부터 끝까지 있었던 일을 사실 그대로, 물론 자신이 분한 마음에 지찬이를 때리고 싶었다는 말까지 솔직하게 해주었다.

"수현이가 지찬이와의 갈등을 어떻게 해결하면 좋을까요?"

"대화로 해결해야죠."

제법 의젓하게 현철이가 대답했다. 그리고 아이들 대부분이 고개를 끄덕이거나 맞장구를 쳤다. 평화적인 갈등 해결의 기본은 대화라는 것을 모두가 공감하고 있는 것이다.

"그렇다면 수현이는 왜 지찬이와 대화로 갈등을 해결하지 못하고 있을까요?"

선뜻 대답을 못 하고 있기에 다시 물었다.

"대화가 잘 이루어지려면 어떻게 해야 할까요?"

"잘 들어주어야 해요."

"부드러운 말투여야 해요."

"수현아, 혹시 아까 지찬이와 나눈 대화에서 어떤 문제가 있었는지 이야기해줄 수 있나요?"

무엇인가 반 친구들 전체에게 말하고 싶지 않은 내용이 있는지, 그럴 수 없겠다는 뜻을 보이며 고개를 좌우로 저었다. 물론 나는 그 의사를 적극 존중해 더 이상 묻지 않았다.

"갈등을 평화적으로 해결하는 방법에 대해서 모둠원끼리 대화해보고 그 결과를 발표해보기로 해요."

다음 활동을 이어갔다. 모둠 활동 결과, 갈등을 평화적으로 해결하기 위한 방법은 '대화'와 '공감'으로 정리되었다. 부드러운 말투와 표정으로 상대방의 입장이나 상황을 고려하면서 대화하는 것이 가장 좋은 방법이라고 말이다. 국어과의 '상대가 처한 상황을 이해하고 공감하며 듣는 태도를 지닌다'의 성취 목표를 제시하며 다음 수업을 예고하고 수업을 마쳤다.

쉬는 시간, 수현이가 다시 지찬이네 교실로 갔다. 공감 대화를 주제로 하는 다음 국어 수업을 마치고 지찬이를 만났으면 했는데, 아무래도 빨리 해결하고 싶었나 보다.

교실로 돌아온 수현이의 표정이 제법 밝다.

"선생님, 지찬이가 친구랑 장난치다가 자기도 모르게 저를 밀쳤나 봐요. 미안하대요."

나는 더 말하지 않고 활짝 웃어주며 엄지척을 보내주었다.

"선생님, 복도에서 뛰지 말라는 경고문을 붙여두면 안 되나요?"

"안 되긴, 좋은 생각인데?"

"재준이하고 같이 써서 붙일게요!"

자신이 겪은 지찬이와의 갈등이 복도에서 뛰어다녔기 때문이라고 생각한 듯했다. 지찬이의 사과를 받고 돌아오면서 복도에서 뛰어다니는 친구들을 제법 많이 봤는지, 수현이가 비장한 표정으로 말했다.

복도의 대여섯 군데에 경고문을 붙인 수현이는 한동안 쉬는 시간마다 복도에 서서 경고문을 좀 보라고 큰 목소리를 냈다. 복도를 뛰어다니는 친구들에게 말이다.

교사는 학생의 삶과 배움을 긴밀하게 연결시키고, 그 과정에서 학생이 주체적으로 사고하고 행동하며 성찰할 수 있는 기회를 적극 지원해주어야 한다. 이를 통해 학생들은 자기 삶을 주도적으로 살아가려는 동기 강화는 물론 그 힘까지 키울 수 있는 것이다.

STEP. 4 확장하기

학생이 수업 설계에서 중심이 되기

Ep. 11

"문화재 보호는 실제로 가서 해야죠!"

"선생님, 우리 동네에 이런 문화재가 있었어요?"

지역을 대표하는 문화 유산을 알아봤다. 다음 시간에는 우리 지역 문화 유산을 소중히 하는 마음을 다져보자고 예고했다.

2015 개정 교육과정 성취기준
[4사03-03] 우리 지역을 대표하는 유·무형의 문화 유산을 알아보고, 지역의 문화유산을 소중히 여기는 태도를 갖는다.

2022 개정 교육과정 성취기준
[4사06-02] 지역의 박물관, 기념관, 유적지 등을 체험하고 지역의 역사를 이해한다.

다음 시간이 되었다. 우리 지역의 다양한 문화 유산을 오래 보존 시켜야 한다는 것에 공감한 아이들에게 물었다.

"우리 지역 문화 유산을 소중히 하는 마음을 다지기 위해 우리가 무엇을 하면 좋을까요?"

캠페인을 하자, 포스터를 만들어서 붙이자, 글쓰기를 하자 등 다양한 의견이 나오는 가운데 지효가 말했다.

"문화재 보호는 실제로 가서 해야죠! 쓰레기도 줍고, 또 더러우면 닦아주고요."

교실을 벗어나는 활동이라면 그저 좋은가 보다. 아이들이 기대에 찬 눈빛으로 지효에게 환호를 보냈다. 나 또한 지효 생각에 공감이 되었다. 하지만 학년 초에 학교 단위로 계획된 현장체험학습이 아니기 때문에 이 활동이 가능할지는 의문이었다. 일단 아이들과 함께 계획해보기로 했다.

"실제 현장에 가서 그 문화 유산을 소중히 하려는 마음을 다지는 것도 아주 좋은 방법이네요. 그렇다면 여러분들이 직접 계획해봅시다. 어떤 현장에 어떻게 가서 무엇을 할 것인지에 대해서 말이에요.

미리 확보된 충분한 예산이 없었기 때문에 학급 운영비 정도로만 계획해야 했다. 그래서 학급 단위 버스 임차는 어렵다는 것을 설명해주었다.

"그럼 택시를 타고 가자!"

"택시는 너무 비싸! 그리고 많이 못 타잖아!"

"시내 버스를 타고 가면 어때?"

"그럼 가까운 데로 가야겠네."

"급식을 먹기 전에 돌아와야 되니까, 가까운 데로 가야겠어."

"부모님께 태워달라고 하면 안 될까?"

"우리 엄마, 아빠는 일 때문에 안 될걸."

나를 통하지 않고도 의미 있는 질문과 대답을 주고받았다. 하지만 적절한 방안은 쉽게 마련되지 못했다. 이때다 싶어 내가 실마리를 던졌다.

"우리 지역 시청 누리집을 방문해보면 어떨까요?"

더 이상 아이디어가 없다는 괴로운 표정을 하던 아이들의 표정이 바뀌면서 다시 태블릿에 눈을 돌렸다.

"선생님! 시티투어 버스가 있어요! 30명까지 단체 신청할 수 있대요. 1인당 6,000원이고요!"

이렇게 일시, 장소, 이동 방법 등 대략적인 계획을 세웠다. 문화 유산을 소중히 하려는 마음을 다지기 위한 수업의 전반적인 설계의 중심은 아이들이었다. 나는 해당 차시 수업을 위한 현장 체험은 생각조차 안 했었다.

시티투어 버스 이용 신청, 문화해설 신청, 환경보호용품 대여, 학부모 동의를 위한 안내장 제작 등 모든 것은 아이들이 직접 해보도록 다른 교과와 창의적 체험활동을 연계시켰다.

당일의 수업은 기대 이상이었다. 교육과정 설계에 학생이 주체가 될 때, 학생들은 그 배움에 책임의식을 가지게 된다. 이 책임 의식은 배움을 위한 활동에 참여하는 올바른 태도를 유도한다.

성취 목표에 따라 현장 체험 학습이 교실 수업보다 더 효과적인 경우가 있다. 그런 현장 체험 학습 계획을 학생이 주도한다면 더욱 그렇다. 이때 교사의 적절한 조력(적절한 실마리 제공 등)은 학생들의 배움을 더 깊이 있고 의미 있게 만든다. 초등학생을 대상으로 하는 외부 기관 연계형 체험 학습 프로그램을 잘 알고 적절하게 안내하며 활용할 수 있도록 해보자.

외부 기관 연계한 교육과정 설계 운영

주제	자연 생태(어촌 마을)
기관	어촌어항공단
특징	학교와 어촌 휴양마을이 자매결연을 맺고서, 유·청소년들에게 어촌과 수산업의 가치 및 중요성을 알리고 다양한 어촌 생태 체험 기회를 제공
2022 개정 교육과정	[4사10-01] 여러 지역의 자연환경과 인문환경의 특징을 살펴보고, 환경의 이용과 개발에 따른 변화를 탐구한다.
참고	- 매년 7월경 어촌어항공단에서 운영하는 바다 여행 사이트에 체험 학교 모집 공고 - 교통비를 제외한 체험비, 식비, 어촌생태교육비, 교구비 지원

주제	기후 위기 신재생 에너지	
기관	한국에너지공단	
특징	에너지, 기후변화에 대한 창의적인 문제 해결 능력, 신재생에너지에 대한 이해, 에너지 분야 직업에 대한 직업 인식 확대를 위한 융복합형 프로그램	
2022 개정 교육과정	[6과08-03] 자원과 에너지의 효율적인 이용 방법에 대해 탐색하고, 생활 속에서 실천할 수 있는 다양한 사례를 공유할 수 있다. [6과16-02] 다양한 진로가 과학과 관련됨을 알고, 자신의 진로를 과학과 관련지어 설명할 수 있다.	
참고	- 매년 8월 무렵 한국에너지공단 홈페이지나 학교 공문으로 신청 안내 - 교통비, 체험비, 교육비, 교구비 지원	

외부 기관 연계한 교육과정 설계 운영

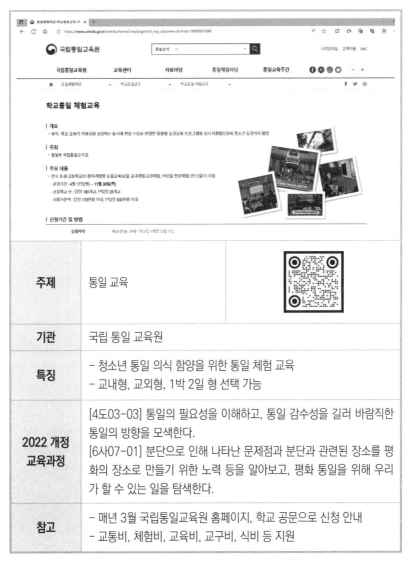

주제	통일 교육
기관	국립 통일 교육원
특징	- 청소년 통일 의식 함양을 위한 통일 체험 교육 - 교내형, 교외형, 1박 2일 형 선택 가능
2022 개정 교육과정	[4도03-03] 통일의 필요성을 이해하고, 통일 감수성을 길러 바람직한 통일의 방향을 모색한다. [6사07-01] 분단으로 인해 나타난 문제점과 분단과 관련된 장소를 평화의 장소로 만들기 위한 노력 등을 알아보고, 평화 통일을 위해 우리가 할 수 있는 일을 탐색한다.
참고	- 매년 3월 국립통일교육원 홈페이지, 학교 공문으로 신청 안내 - 교통비, 체험비, 교육비, 교구비, 식비 등 지원

외부 기관 연계한 교육과정 설계 운영

주제	저작권 보호
기관	한국 저작권 위원회
특징	- 저작권 교육이 필요한 전국의 학교 등에 직접 방문해 무료로 강의를 지원하는 맞춤형 교육 서비스 - 온라인, 오프라인 선택 신청
2022 개정 교육과정	[4국 06-03] 매체 소통 윤리를 고려해 매체 자료를 활용하고 공유한다. [4도03-02] 디지털 사회에서 발생하는 다양한 문제를 살펴보고, 해결 방안을 탐구해 정보통신 윤리에 대한 민감성을 기른다.
참고	- 매년 3월 한국저작권 위원회 홈페이지나 학교 공문으로 신청 안내 - 체험비, 교육비, 교구비 지원 - 지역별 학급수를 고려해 선착순 접수

사회 문제 해결의 주체 되기

'너'의 이야기가 '나'의 이야기가 되다

"선생님, 금연공원이라는 팻말이 있는데, 왜 주변에 담배 꽁초가 많을 수 있죠?"

점심 급식을 하는데 내 앞에 앉은 동진이가 제법 진지하게 묻는다. 마주 보고 앉아서 조용히 밥만 먹으려니 뻘쭘했는지 평소와 다르게 무게가 실린 화두를 던졌다. 나는 고개를 두어 번 끄덕이며 급식 식사에 집중하자는 뜻을 보였다.

"도서관 근처, 거기 말하는 거지? 나도 학원 마치고 거기 지나가는데 아저씨들이 담배를 진짜 많이 펴."

"공부 스트레스가 심한가 보지."

옆에 앉은 현지와 경현이가 대화를 이어가더니 하하호호 웃었다.

"근데 그거 간접흡연 아니야?"

금연을 주제로 한 보건 교육 등을 통해서 흡연의 위험성을 인식하고 있던 태환이가 물었다.

"아, 나는 맨날 흡연하는 거나 마찬가지네. 선생님, 어떡해요? 걱정돼요!"

태환이의 삶에 문제 상황이 생겼다. 다음 날, 태환이의 문제 상황을

169

국어 수업으로 풀었다.

"여러분, 담배를 왜 필까요? 아니, 담배를 안 만들면 될 텐데, 도대체 담배는 왜 만들고, 또 왜 파는 것일까요?"

다들 고개만 끄덕일 뿐, 아무도 대답을 하지 않는다. 도무지 그 이유를 알 수 없다는 표정으로 말이다. 하지만 흡연자에게 흡연을 왜 하느냐고 물으면 분명 어떤 이유든 말할 것이다.

"담배를 피는 사람과 담배를 피지 않는 사람의 생각이 다를 거예요. 지금부터 이 글을 천천히 읽어봅시다."

나는 <담배를 피는 이유>, <금연을 해야 하는 이유>라는 2편의 글을 제시했다.

"글을 읽고 어떤 생각을 하고 있는지 서로 말해볼까요?"

"흡연은 절대 시작하면 안 돼요! 중독성이 있어서 끊기가 힘들어서 계속 피게 되기 때문이에요."

"근데, 니코틴이 뇌질환 치료에 효과가 있다잖아요. 무조건 나쁜건 아닌가 봐요."

"뇌질환을 치료하려고 담배를 피는 게 말이 안 돼요!"

"그래도 담배를 피면 우울증이나 스트레스도 없앨 수 있대요."

아이들은 자유롭게 생각을 나누면서 흡연이 건강에 해롭기는 하지만 무조건 금지할 수도 없는 것이라는 것을 이해해갔다. 이때 나는 태환이가 실제 삶에서 맞닥뜨린 문제 상황을 제시했다. 너도 나도 길가에서 담배를 피워대는 사람들 때문에 괴로웠던 순간을 토로했다.

"여러분, 사실 선생님도 길거리에서 담배를 피는 사람들이 너무 싫어요. 그렇다고 피지 말라고 경고를 줄 수도 없는 노릇이고, 이런 문제를 해결할 수 있는 방법이 무엇일까요?"

나는 다양한 자료 탐색과 함께 해결 방법을 생각해보도록 했다.

"몰래 사진으로 찍어서 신고하면 벌금 내게 하면 어때요?"

"경고 메시지를 더 많은 곳에 붙여요."

"담배를 더 비싸게 팔게 해요!"

"흡연 전용 부스를 설치해요."

다양한 생각들이 모였다. 그중에 아이들의 호응을 가장 많이 받은 것이 '흡연 전용 부스 설치'였다.

거리마다 흡연 전용 부스를 설치하면 어린이들의 간접 흡연 피해는 많이 줄어들 것이라고, 의견을 크게 반겼다. 나도 이 좋은 의견이 실제로 사회에 반영되었으면 하는 바람이었다.

"아, 진짜 설치해주면 좋겠어요!"

"선생님이 여러분의 생각이 우리 지역 사회에 전달될 수 있는 방법을 찾아볼게요. 여러분도 함께하면 좋겠어요."

나는 아이들의 기특한 생각이 지역 사회에 전달이 되고, 또 실현시킬 수 있는 방법을 찾아보기로 했다. 그리고 다음 날 아침, '아동·청소년 정책 한마당'에 관한 안내문을 게시했다. 이 행사는 거의 모든 지역에서 실시하고 있고, 아동·청소년이 직접 의견과 아이디어를 지역 사회에 제안해보는 공모전이다. 학생들에게 지역 사회 문제 해결을 위한 정책 제안의 기회를 부여하는 대회나 행사가 있다는 것을 미리 알고 있었던 터라 쉽게 찾을 수 있었다.

"선생님, 정책 참여가 뭐예요?"

"읽어봐! 여기 써 있잖아. 어제 우리가 말한 의견을 여기에 보내면 되겠네!"

안내문을 읽던 나현이와 규빈이의 대화에 반 아이들이 우르르 모였다.

"선생님, 그럼 진짜로 흡연 전용 부스를 설치해주는 거예요?"

"여기에 참가를 해야겠지. 그래야 우리 의견이 전달되잖아."

"선생님, 우리 꼭 참여해요!"

참여하고 싶다는 의사를 보이는 아이들과 방과후 시간을 활용해 대회 참가를 위한 발표 자료를 만들고 연습했다. 아이들의 실제 삶 속 문제였고, 또 그 문제를 해결하고 싶은 의지가 컸기 때문에 굳이 내가 왈가왈부하지 않아도 되었다.

디지털 도구 플랫폼을 활용해 방과후 시간에 아이들이 직접 제작한 발표 자료로서 실제 정책제안공모전에서 활용한 것이다.

　그렇게 우리는 정책 제안 공모전에서 최우수상을 수상했고, 지역 사회 대표로부터는 아이들의 뜻을 꼭 실현시키겠다는 약속도 받을 수 있었다. 아이들의 생각이 사회를 변화시킬 수 있다는 것을 한 번 더 실감한 순간이었다. 더불어 아이들도 자신이 직접 사회 변화를 이끄는 데 주체가 된 경험을 값지게 여겼다.

대한민국 초등학생의 사회 참여 방법

1. 정책 제안형

아동참여 위원회	• 전국 대부분의 지자체에서 활발하게 운영 • 전문 퍼실리테이터와 아동이 함께 활동 • 아동이 살고 있는 지역의 문제를 다루기 때문에 접근이 쉽고, 정책 반영 시 그 변화를 실제 생활 속에서 직접 느낄 수 있다.
대한민국 아동총회	• 주관 : 한국아동단체협의회, 보건복지부, 아동권리보장원 • 취지 : For the Children by the children forum of children • 자신이 겪고 있는 현실 문제에 관한 아동 중심 토의를 통해 진단과 대안을 담은 결의문 채택, 정부 등에 제안하는 아동 참여의 장 • 운영체계 : 지역대회-전국대회-결의문 채택-결의문 전달(정부,국회)-아동권리 옹호 활동 전개

대한민국 어린이 국회	• 주관 : 대한민국 국회
	• 선거구별 초등학교 1개교, 특수학교 1개교, 학교 밖 청소년 지원센터 1개 선정
	• 대상 학교별 어린이국회연구회 구성
	  – 지도교사 1인, 6학년 학생 10인 내외
	• 어린이국회연구회 활동
	  – 자유롭게 주변의 문제점을 발굴하여 법률안 및 질문서 작성
	  – 연구회별 법률안 및 질문서 1건 선정·제출
	  – 우수법률안 및 우수질문서 선정 심사(국회)
	• 대한민국어린이국회 개최 및 결과 홈페이지 게시

미래 학교, 학생이 주도하는 교실

2. 캠페인형

SaferInternet 정책서명 캠페인	• 주관 : 유니세프 아동의회(만 18세 미만 아동) • 내용 : 디지털 아동권리 보고정책 • 방법 : 홈페이지 팝업창에 성명, 연락처, 이메일주소 입력(인증, 로그인 절차 없음)
Delete the Children 서명 캠페인	• 주관 : 세이브더칠드런(Save the Children) • 내용 : 디지털 세상에서 아동의 개인정보를 삭제하는 등 아동의 권리 보장 • 방법 : 홈페이지 내 성명, 연락처, 이메일주소 입력(인증, 로그인 절차 없음)
교실에서 찾은 희망 학교폭력예방 캠페인	• 주관 : 월드비전(Worldvision) • 내용 : 학교폭력예방 캠페인 • 방법 : 해마다 제시되는 학교폭력예방 관련 미션수행 및 인증

외국 아동·청소년의 사회 참여 방법

스웨덴	스웨덴은 아동의 권리를 중시하며, 아이들에게 여러 가지 의견을 표현하고 참여할 기회를 제공한다. 스웨덴의 유스 페럴리아먼트(Youth Parliament)는 13세부터 20세까지의 청소년들이 정치적인 주제에 대해 논의하고 의견을 제시하는 플랫폼을 제공한다. ※ 전 세계적으로 많은 나라들이 'Youth Parliament'를 운영하고 있으며 일반적으로 10~18세 청소년이 활동한다.
미국	아메리칸 유스 코너스(American Youth Corners)와 같은 단체들이 청소년들에게 정치적인 교육을 제공하고, 젊은 세대가 주요 사회 문제에 대해 의견을 나누고 영향을 미치도록 격려한다.
일본	2015년 선거법 개정으로 선거연령이 20세에서 18세로 낮춰졌다. 투표 참여로 인해 청소년들의 정치에 대한 관심이 증가했다.
독일	초등학교에서부터 정치교육을 매우 중요시한다. '선동가 판별 교육, 저항권 교육' 등을 통해 경쟁 대신 연대와 비판을 중심으로 하는 성숙한 인간 양성에 초점을 둔다. 이러한 교육개혁이 사회개혁을 이끈 대표적인 나라다. 따라서 초등학생들이 사회 문제에 대해 깊이 성찰하고 길거리에서 캠페인을 하는 모습을 자주 볼 수 있다. 독일에서는 비판적 사고와 적극적인 정치 참여가 당연하게 여겨진다.

미래 학교, 학생이 주도하는 교실

주입시키지 말고 생성시켜라

세계적 팬데믹(Covid-19)의 감염 확산 방지를 위한 사회적 거리두기 지침은 학교 원격 수업 운영의 시발점이 되었다. 원격 수업은 학교 교육의 새로운 변화를 이끌었다는 점에서 긍정적인 부분도 있지만, 반대로 학생의 학력 저하라는 사회적 문제를 야기시키기도 했다. 아니, 더 정확하게 말하면 학력 저하라기보다 학력 편차가 매우 극심해졌다고 해야 맞다. 잘하는 학생은 더 잘하게 되었고, 못하는 학생은 더 못하게 된 것이다. 교사의 지도 관리가 없는 상황에서 스스로 무엇을 어떻게 학습해야 하는지를 아는 학생과 그렇지 못한 학생의 학력 수준이 너무나 달랐다. 교사는 지시하고 주도하며 학생은 수동적으로 따르기만 했던 학교 교육은 결국, 이렇게 사회적 문제가 되고 나서야 새로운 교육 패러다임의 전환을 적극 요구받고 있다.

미래 교육의 주체는 학생이다. 학교 교육과정의 설계와 운영은 학생이 주체가 되어야 한다. 물론 교사와 함께 말이다. 이를 위해 학교와 교육청, 지역사회는 서로 긴밀하게 협조해 학생이 학교 교육의 주체적 역할을 할 수 있는 환경을 조성해주어야 함은 물론 학생이 주도적으로 학습할 수 있는 교육 프로그램 및 행·재정적 지원을 아끼지 말아야 한다.

존 듀이는 교육을 '의미 있는 경험의 재구성'이라고 했다. 배움을 위한 다양한 상황이나 맥락을 이전의 학습 경험에 비추어 스스로 선택하고 결정, 그에 대해 성찰하는 등의 재구성의 과정은 새로운 배움으로 전이되고, 이를 통해 학생은 실제 자기 성장을 꾀하는 것이다.

학생이 실제 자기 성장을 위한 진짜 배움을 실현시킬 수 있는 장으로써 학교 교육이 앞으로 더 중요하게 다루어야 할 것은, 학생의 주체적 역할이다. 우리가 지금까지 연구하고 실천해온, 학생의 생성권과 주도권 보장 교육은 이러한 학생의 주체적 역할을 강조하는 것이다.

학생들에게 지식을 단순히 주입시키지 말고 생성시키도록 하자.

학교 교육의 새 패러다임으로서 학생의 주도성을 강조하고 있는 교육자들의 연구 논문을 몇 편을 소개한다.
이상은은 학생이 자신의 웰빙을 추구하기 위해 학습의 목표를 세우고, 그 목표를 달성하기 위해 시간과 노력을 들여 실천하며, 그것이 적절한 행위인지 반성하고 그 결과에 대해 책임지는 자세를 지녀야

한다고 말한다.[1]

조현희, 홍원표는 초등학교에서 학습자 주도성은 기존의 통합교과 교육과정, 교육과정 자율성, 놀이체험에서 강조되는 학습자 중심성에 '주체성' 개념을 보완해 교사와 학생이 학습의 과정을 설계하는 주체로서 함께 참여하는 '협력적 교수설계'의 형태로 구현될 수 있다고 말하며 교사와 학생이 함께 참여하는 긴 호흡의 프로젝트 학습을 예로 들고 있다.[2]

김종훈은 특정 행위를 견인하는 개인 특성으로서의 행위 주체성을 예측, 행동, 성찰이라는 순환을 통해 형성되고 발휘되는 것으로 자기조정 능력을 가진 이성적이고 합리적인 인간의 인지과정으로부터 형성되는 것으로 해석하고 있다. 또한 한 개인이 무언가를 결정하고 선택하는 수준의 단편적인 차원을 넘어 다양한 측면의 복합적이고 역동적인 사회적 상호작용을 통해 형성되고 작동하는 것으로서 학생은 부모와 교사, 친구와 동료를 비롯한 타인과 영향을 주고받으며 상호적 행위 주체성을 형성하고 발휘할 수 있다고 해석한다.[3]

백영신, 임재일은 학습자 주도성은 '학습자가 다양한 관계를 맺고 있는 사회 안에서 가치지향적인 의사결정자로서 갖춰야 하는 역량'이며, '학습자는 자신을 둘러싼 다양한 맥락과 관계 속에서 개인의 욕구

1) 이상은, <학생 주체성 담론의 이론적 지평 및 쟁점 탐색> , 한국교육과정학회, 2022, pp. 79~103
2) 조현희, 홍원표, <초등 교육과정 연구학교 교사가 인식하는 학습자 주도성의 의미>, 교육문화연구, 2022, pp. 319~342
3) 김종훈, <미래교육 담론에 나타난 학생 행위주체성 개념 탐색>, 한국교육과정학회, 2022, pp. 181~202

를 공적인 방향으로 전환해야 하고, 교사는 교육적 개입으로 학습자의 배움 과정에서 공공선으로 가는 방향을 안내하고 공동체의 가치와 학습자의 유의미한 경험을 할 수 있도록 안내하고 촉진시켜야 한다고 강조한다.[4)]

박상준은 학생 주도성은 수업의 주체로서 학생이 수업의 목표, 내용, 방법, 평가방식에 대해 교사와 협의하여 공동으로 결정하는 것으로 실제 수업에서 자신의 학습 능력과 속도에 맞추어 주도적으로 학습하며 자신의 학습에 대해 책임을 지는 것이며 교과 수업뿐만 아니라 비교과 활동, 학생 자치 활동 등 학교 활동 전반에 적용되고, 나아가 사회생활에서 삶의 목표를 주도적으로 실현해가는 과정에 적용되는 매우 포괄적 개념이라고 설명한다.[5)]

이민경은 학습자 주도성에 기반한 교육은 지식을 배제하는 것이 아니라 지식의 배경과 맥락을 제대로 이해하고, 때로는 이에 기반을 두어 새로운 지식을 생산해낼 수 있는 역량을 키울 수 있어야 한다는 것을 강조하고 있다.[6)]

4) 백영신, 임재일, <학습자 주도성 발현을 위한 교사의 역할에 대한 논의>, 한국교원교육연구, 2021, pp. 281~304
5) 박상준, <학생 주도성에 기초한 교육의 혁신 방안>, 학습자중심교과교육연구, 2020, pp. 765~787
6) 이민경, <미래역량을 위한 학습자 주도성에 기반한 교육의 의미와 효과 분석>, 교육문제연구, 2021, pp.107~128

교사와 학생이 모두 행복한 학교를 꿈꾸며

우리는 학생이 스스로 자기배움을 위한 교육과정을 생성해보게 하고, 다양한 상황에서 일단 무엇이든 학생이 주도해볼 수 있는 기회를 충분히 제공해줄 수 있는 교육 환경을 연구하고 실천해왔다. 이에 대해 학생들은 어떤 생각을 갖고 있는지, 다음 일상 대화를 통해 알아보았다.

"선생님은 대부분의 시간을 학교에서 보내는 것 같아요.
어쩌면 선생님의 가족과 마주하고 대화하는 시간보다 여러분들과
마주하고 대화하는 시간이 더 많지 않을까 생각이 드네요.
여러분은 요즘 학교 생활이 어떤가요?"

"그냥 그래요."

"그냥 그렇다는 것이 어떤 건지 좀 더
구체적으로 말해주면 좋겠어요."

"별로 재미가 없어요."

"왜 재미가 없다고 느끼나요?"

"공부하는게 싫거든요."

"하기 싫은 것을 해야 하는 것은 분명 괴로운 일이에요.
그렇다면 우리가 즐겁게 공부할 수 없을까요?"

"우리, 지난번처럼 물음표로만 대화하기 수업하면 좋겠어요!"

"왜 물음표로만 대화하는 수업이 하고 싶어요?"

"친구들이 어떻게 질문할까 기대되어 수업이 지루하지 않아요.
그리고 우리가 알아서 답을 찾을 때 집중이 더 잘되는 것 같아요."

"한마디로 여러분 스스로 알아서 하는
공부가 하고 싶다는 거죠?"

"네! 맞아요!"

"여러분이 주도해왔던 배움 활동들에 대한 기억이 긍정적이라서
선생님도 기쁘네요. 좀 더 구체적으로 이야기해보면 좋겠는데,
그동안 여러분이 스스로 이끌어온 수업에 대한 소감을
좀 더 말해볼까요?"

"우리가 결정하고 생각해야 할 게 한두 가지가 아니어서 진짜 머리 아팠어요!"

"선생님이 우리 이야기를 많이 들어주셔서 좋았어요."

"맞아요, 생각할 게 많으면 간혹 머리가 지끈거리기도 하죠? 그런데 선생님이 어떤 이야기를 들어주었길래 좋았을까요?"

"선생님께서 큰 목표는 알려주시지만 교실 환경, 수업을 어떻게 할 것인지 구체적인 것은 모두 우리 의견을 들어주셨잖아요."

"선생님께서 항상 먼저 물어보시고, 또 그걸 실천하게 해주시니까 무엇이든 잘해보고 싶다는 생각이 들었어요."

"선생님께서 시키시는 것을 그대로 따라 하면 쉬울 텐데, 어떻게 생각해? 그 다음은 어떻게 하면 되는 거야? 항상 물어보셔서 당황하고, 답을 모르니까 어려워서 힘들긴 했어요."

"여러분이 주도적으로 이끌어온 수업이 힘들었던 이유는 주로 생각을 많이 해야 했던 게 이유였군요?"

"맞아요. 생각해야 할 시간이 엄청 많았어요. 그런데 그 덕분에 수업 시간이 아니더라도 집에서도 학교에서처럼 내가 할 것을 스스로 정하고 고민해보는 습관이 생겼어요."

"자꾸 생각해야 하니까 더 많이 배우면서도 덜 지루하게 공부했던 것 같아요. 수업 시작 종이 금방 쳤는데, 또 바로 수업 마침 종이 치는 것 같다는 생각을 한 적이 많았거든요."

"생각이 잘 안 날 때가 제일 힘들었어요. 그런데 신기하게도 선생님께서 조금만 도와주시면 또 금방 생각이 났어요!"

"생각이 잘 안 날 때는 친구랑 같이 생각하면 또 금방 떠올랐어요. 친구랑 같이 해결했을 때 진짜 기분이 좋았어요."

"우리, 그럼 다른 수업도 한번 떠올려봐요. 여러분이 스스로 배움 주제를 찾고, 구체적인 활동을 계획했던 자기배움 생성활동은 어땠어요?"

"전체를 고민하고 계획하는 능력이 생겼어요. 선생님은 '메타 인지'라고 이야기해주셨죠? 그전엔 내가 하는 것에 대해 생각하기보다 그냥 시키니까 했는데 이제는 전체 흐름을 보려고 노력해요. 저절로 그렇게 되었어요."

"맞아요. 목표가 뭐였지? 하는 생각을 자꾸하면서 이리저리 헤매도 최종 목적지를 가려고 노력해요."

"저는 휴대폰 사용만 익숙했는데 컴퓨터로도 내가 원하는 걸 만들어낼 수 있어서 좋았어요. 하다 보니 제 타자 속도가 너무 느려 타자 연습도 시작했어요. 누가 시켜서 했으면 싫었을 텐데 제가 정한 목표에 닿기 위해 노력하고 있어요."

"저는 공부가 재미있어졌어요. 지금까지 배우는 건 힘들다고만 생각했거든요. 그런데 친구들이랑 회의하고, 계획을 세우고, 결정하면서 한 공부는 정말 재미있었어요. **이런 공부를 계속하고 싶어요.**"

한동안 "이런 공부를 계속하고 싶어요"라고 하던 아이의 목소리가 귓가에 맴돌았다. 그동안 우리가 왜 학생 생성권이나 주도권을 보장하고, 실현하기 위해 노력해왔는지에 대한 충분한 이유였기 때문이다. 진정으로 교사와 학생이 모두 행복한 학교를 꿈꾸며 이 책을 마친다.

미래 학교,
학생이
주도하는
교실

제1판 1쇄 2023년 12월 3일

지은이 이보람 이지민 김다영 유범래
펴낸이 한성주
펴낸곳 ㈜두드림미디어
책임편집 우민정
디자인 김진나(nah1052@naver.com)

㈜두드림미디어
등 록 2015년 3월 25일(제2022-000009호)
주 소 서울시 강서구 공항대로 219, 620호, 621호
전 화 02)333-3577
팩 스 02)6455-3477
이메일 dodreamedia@naver.com(원고 투고 및 출판 관련 문의)
카 페 https://cafe.naver.com/dodreamedia

ISBN 979-11-93210-28-4 (93370)

**책 내용에 관한 궁금증은 표지 앞날개에 있는 저자의 이메일이나
저자의 각종 SNS 연락처로 문의해주시길 바랍니다.**

책값은 뒤표지에 있습니다.
파본은 구입하신 서점에서 교환해드립니다.